Wulfing von Rohr

URANUS

Der Veränderungsplanet

Die Kraft des Neuen und der Intuition

Welcher Planeten-Typ sind Sie?

Was der Uranus
für Ihren Charakter und Ihr Schicksal bedeutet.

WILHELM HEYNE VERLAG
MÜNCHEN

HEYNE PLANETENBÜCHER
14/308

Printed in Germany 1994
Umschlaggestaltung: Atelier Adolf Bachmann, Reischach
Umschlagillustration: Christine Wilhelm, München
Satz: Kort Satz GmbH, München
Druck und Bindung: Presse-Druck Augsburg

ISBN 3-453-07087-9

Inhalt

Uranus, das kreative Chaos

»Der Kosmos ist ein chaotischer Wahnsinn von Wellenstrukturen, von denen einige auf der Erde zum Orchester eines organisierten Lebenssystems zusammengetreten sind. Die Harmonie zwischen beiden kann nur mittels einer Partitur gelesen werden, und von allen Möglichkeiten, die uns derzeit offenstehen, scheint die Astrologie (trotz ihrer verrückten Ursprünge und ihrer teilweise noch verrückteren Anhänger) die beste Interpretation anzubieten.« – Lyall Watson, Wissenschaftler (zitiert nach »Astrologische Weisheiten, herausgegeben von Bernd A. Mertz).
Uranus, der Planet der plötzlichen und unerwarteten Veränderung, das Symbol der Neugier und des Neuen, des Freiheitswillens und der Revolution, des höheren Intellekts und der Intuition, könnte durchaus auch als Sinnbild für das kreative kosmische Chaos und für die »Verrücktheiten« der Astrologie dienen. In diesem Buch über Uranus soll darum beschrieben werden, wie Uranus Charakterzüge und Schicksal, Lebensweg und Entwicklungsperioden astrologisch bestimmt.
Uranus gehört mit Neptun und Pluto zu den sogenannten Langsamläufern. Manche Astrologen meinen, daß diesen Planeten nur generationsbedingte, gesellschaftliche oder überpersönliche Entsprechungen zugeordnet werden sollten. Ich teile diese Ansicht nicht. Vielmehr finde ich durch Erfahrung bestätigt, daß auch diese drei Langsamläufer sehr persönliche »Wirkungen« zeitigen: vor allem durch die Hausposition und aufgrund von Aspekten zu den schnelleren Lichtern und Planeten, also zu Sonne, Mond, Merkur, Venus und Mars.
Darüber hinaus zeigen die drei »transsaturnischen« Planeten (deren Umlaufbahn um die Sonne außerhalb der Umlaufbahn des Saturns liegt) längerfristige, aber einschneidende Zeitzyklen und Lebensrhythmen an. Ich gehe darauf im Abschnitt »Astrologische Deutungen zum Uranus« ausführlicher ein. Uranus gilt als »höhere Oktave« des Merkur, Neptun als höhere Okatve der Venus und Pluto schließlich als höhere Oktave des Mars.

Uranus in der Mythologie

Uranus gilt als einer der frühesten Hauptgötter und als Personifizierung des Himmels. Eros befruchtete Gaia, die Mutter Erde – so der griechische Schriftsteller Hesiod –, und dies brachte Uranus, den Himmel, sowie das Meer und die Berge hervor. Uranus war Sohn und wurde gleichzeitig Liebhaber von Gaia und zum Vater unter anderem der zwölf Titanen und der drei Zyklopen. Uranus war über die äußere Gestalt mancher von ihm gezeugten Sprößlinge so entsetzt, daß er sie in die Tiefen der Erde verbannte. Das erboste Gaia derart, daß sie auf Rache sann und die Titanen gegen ihren eigenen Vater aufwiegelte. Deren Anführer Chronos (Saturn) entmannte Uranus mit einer Handsichel (nach manchen Berichten tötete er ihn auch) und wurde sein Nachfolger als Herrscher des Universums. Die Titanen führten dann unter Chronos' Führung einen Krieg gegen Zeus und die Olympier, den sie verloren. Der antike Autor Vergil beschreibt die andauernden Qualen der Titanen in der Unterwelt, in die sie aufgrund ihrer Sünden gegen die Götter (offensichtlich erneut) verbannt wurden.

Nach Hesiods Berichten zur Abstammung der griechischen Götter entsprang die »schaumgeborene« Liebesgöttin Aphrodite dem Zusammentreffen von Uranus' Geschlechtsteilen mit dem Meer, in das sie fielen. Das aus der Wunde auf die Erde niederfallende Blut brachte die Furien hervor, die Rachegöttinnen. Sie wurden später auch als Erinnyen und Eumeniden bezeichnet. Ihre Aufgabe bestand darin, unentdeckte und ungesühnte Verbrechen zu bestrafen.

Die drei Zyklopen fertigten die blitzenden Donnerkeile für Zeus, den Dreizack für Poseidon und die Tarnkappe für Hades, die ihm Unsichtbarkeit verlieh.

Mnemosine, eine Tochter von Uranus und Gaia, galt als Göttin der Erinnerung und des Gedächtnisses. Sie schlief neun Nächte lang mit dem Göttervater Zeus (siehe auch Heyne Planetenbuch über Jupiter) und gebar die neun Musen.

Mit Uranus verbinden sich mythologisch also außerordentliche und dramatische Ereignisse. Wir werden diese Seiten des Uranus auch in seiner symbolisch-astrologischen Deutung wiederfinden.

Uranus in der Wissenschaft

Uranus ist der siebte Planet von der Sonne aus gezählt (die Reihe beginnt bekanntlich mit Merkur, Venus, Erde, Mars, Jupiter, Saturn, dann

kommt Uranus, schließlich Neptun und Pluto). In der Neuzeit ist er vom Engländer Sir William Herschel am 13. März 1781 (wieder)entdeckt worden. Herschel beobachetete in seinem Fernrohr eine verschwommene blau-grüne Scheibe am nächtlichen Firmament und erkannte, daß es sich dabei um einen höchst ungewöhnlichen Himmelskörper handeln mußte. Zeitweise wurde dieser Planet nach seinem Entdecker »Herschel« genannt, inzwischen hat sich jedoch die Bezeichnung »Uranus« weltweit durchgesetzt. Der Name geht auf das griechische Wort für »Himmel« zurück.
Ein Umlauf des Uranus um die Sonne dauert geringfügig länger als 84 Jahre. Die Umlaufbahn verläuft in über drei Milliarden Kilometern Entfernung von der Sonne. Die Masse des Uranus ist fast 15malgrößer als die der Erde.

In diesem Heyne Planetenbuch über den Uranus möchte ich Ihnen wesentliche Facetten dieses immer interessanten, oft aber auch widersprüchlichen oder sogar irritierenden astrologischen Symbols näherbringen. In meinem eigenen Horoskop steht der Uranus übrigens relativ am höchsten, an der Spitze des 11. Hauses in sehr naher Konjunktion zu Mond und Venus, am Ende des Zeichens Zwillinge.
Zunächst, bevor wir uns allein dem Uranus widmen, biete ich Ihnen einen »Rundgang« durch die Astrologie an, damit Sie Grundlagen und Elemente sowie deren Deutung kennenlernen, die für unser Thema eine Rolle spielen.

Was »steht« im Horoskop?

Die meisten Horoskopdarstellungen sind heutzutage rund. Eine Ausnahme stellen Horoskope nach der indischen Manier dar, die als Quadrat gezeichnet werden. Im Mittelalter wurden auch bei uns Horoskope quadratisch abgebildet.

In diesem Rund finden Sie fünf Arten von Eintragungen:

1. 12 Zeichen des symbolischen Tierkreises von Widder bis Fische. Sie sind das Meßband von 12 x 30 Grad = 360 Grad, in dem man Planeten, Häuser und rechnerische Punkte einträgt und abliest.
2. 10 Planeten symbolisieren Kräfte, welche in der oder auf die Person wirken.
3. 12 Häuser, welche die Lebensbereiche angeben, in denen sich die symbolischen Planetenkräfte bemerkbar machen.
4. Einige Achsen als Grundstruktur (und einige rechnerische Punkte) als zusätzliche wichtige Deutungshilfen.
5. Aspekte, das heißt spezielle Winkelbeziehungen zwischen Planeten, Achsen und rechnerischen Punkten.

Jeder Planet und jeder rechnerische Punkt steht also sowohl in einem Zeichen als in einem Haus. Wahrscheinlich ist er darüber hinaus mit einem oder mehreren anderen Planeten durch eine besondere Winkelbeziehung, also durch einen Aspekt, verbunden.

Ein Horoskop gibt nach Ansicht von Astrologen Aufschlüsse über den Charakter des Horoskopinhabers sowie über Anlagen und Talente. Darüber hinaus lassen sich die »karmischen« Grundlagen dieses Lebens und die generellen Entwicklungsmöglichkeiten aufspüren. Weiter eignet sich die astrologische Betrachtung dazu, Zyklen und Zeitabschnitte im Lebensgang eines Menschen zu erkennen. Anhand des Horoskops kann man sowohl zu Aussagen über mögliche äußerliche Ereignisse gelangen als auch über psychologische Muster und über die geistige Ausrichtung des betreffenden Menschen. Damit dient das Horoskop als »Anzeigeinstrument« für Charakter und Schicksal, für Persönlichkeit und Seelenleben eines Menschen – mit zwei wichtigen Einschränkungen.

Das Horoskop »macht« nichts, Planeten und Sterne »machen« nichts, sondern zeigen im Rahmen von Analogiegesetzen nur etwas an – so,

R. W.
22. 1. 1944
6.00
Br 52°
Lg 4°

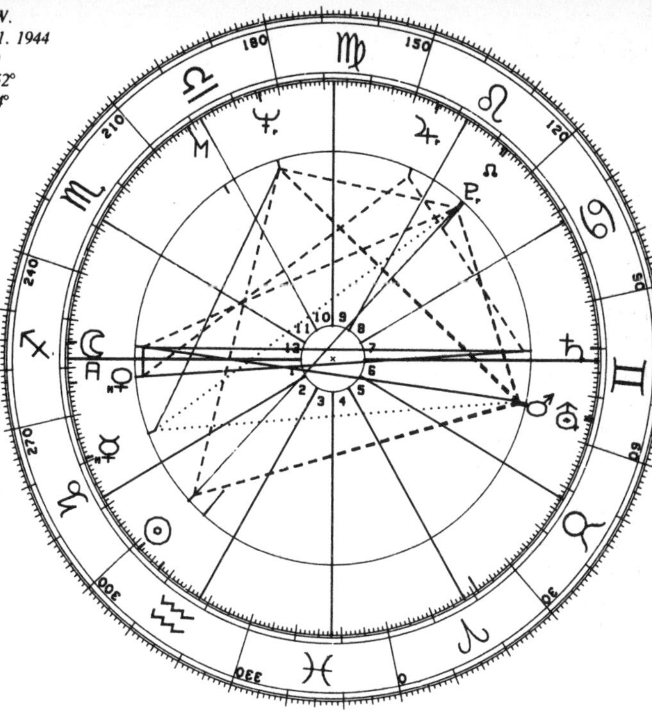

Ein typisches Horoskopbild als Computerausdruck mit den zwölf Zeichen, Sonne, Mond und Planeten sowie Aspekten. Die zwölf Häuser sind im Innenkreis als »Tortenstücke« gezeichnet.

wie eine Uhr die Zeit nicht schafft, sondern nur anzeigt. Und ein Zweites: die schöpferische Freiheit der Kraft, die alles geschaffen hat und aus der auch wir leben, ist natürlich immer größer als ein Teilgesetz, das wir vielleicht gerade beginnen zu erkennen. Der Geist ist größer als das Horoskop.

Daß diese geistige Disziplin der Astrologie, die zwischen Wissenschaft und Kunst angesiedelt werden kann und als eines der ältesten menschlichen Forschungsgebiete gilt, genauso umstritten ist wie andere Wissensgebiete, tut ihrem Wert und ihrer (manchmal nur heimlichen) Anerkennung keinen Abbruch. Ebenso selbstverständlich ist, daß wir auch hier – genausowenig wie in der Psychologie, Soziologie und selbst in der Physik und anderen »harten« Wissenschaften – nichts blindgläubig übernehmen sollten, was sich nicht für uns bewährt.

In den Heyne Planetenbüchern über Merkur, Venus, Mars, Jupiter, Saturn und die Mondknoten bin ich auf weitere wichtige Grundlagen der Astrologie und auf Erklärungen, warum Astrologie »funktioniert«, näher eingegangen. Das können Sie bei Interesse dort nachlesen.

Was sind Planeten?

Sonne und Mond sind natürlich keine Planeten, sondern streng genommen »Lichter«. Der sprachlichen Vereinfachung halber nennt man sie in der Astrologie aber auch unter den »Planeten«.

Persönliche, soziale und kollektive Planeten

Die vier Gestirne innerhalb des Erdumlaufs um die Sonne werden oft als die »inneren« oder »persönlichen« Planeten bezeichnet, die eine ganz individuelle Bedeutung für den Horoskopinhaber besitzen. Das sind Sonne, Mond, Merkur und Venus. Sie sind die Gestirne unseres Sonnensystems, die sich am schnellsten auf ihren Umlaufbahnen bewegen. Natürlich kreist die Erde um die Sonne und nicht umgekehrt; doch scheint die Sonne von der Erde aus gesehen im Verlauf eines Jahres durch den 360-Grad-Meßkreis der Sternzeichen zu wandern. Der Mond läuft innerhalb von knapp einem Monat einmal um die Erde und damit durch alle Sternzeichen, die Umlaufzeiten von Merkur und Venus betragen 88 bzw. rund 225 Tage.
Die zur Erde noch relativ nahen Gestirne außerhalb des Erdumlaufs um die Sonne beschreibt man auch als »soziale« Planeten. Sie symbolisieren den sozialen Umgang des Menschen in seiner Umwelt. Das sind Mars, Jupiter und Saturn. Die Umlaufzeiten betragen beim Mars knapp zwei Jahre, beim Jupiter rund zwölf Jahre und beim Saturn etwas mehr als 29 Jahre.
Die weiter entfernten Planeten, die übrigens in der Neuzeit alle relativ spät (wieder-?)entdeckt wurden, nennt man »kollektive« oder »überpersönliche« Planeten. Sie symbolisieren für den Menschen unbewußte oder spirituelle Einflüsse. Das sind Uranus, Neptun und Pluto. Ihre Umlaufzeiten sind 84 Jahre beim Uranus, fast 165 Jahre beim Neptun und etwa 249 Jahre beim Pluto.
Je langsamer sich ein Planet auf seiner Umlaufbahn um die Sonne bewegt, desto langsamer erscheint auch von der Erde aus sein Lauf durch die Sternzeichen. Je länger ein Planet in einem Sternzeichen bleibt, desto mehr Menschen haben die gleiche oder ähnliche Planetenstellung im Horoskop. Pluto zum Beispiel bleibt rund 20 Jahre im selben Zeichen.

Die sogenannte Rückläufigkeit von Planeten ergibt sich nur von der Erde aus gesehen. Da der jeweils rückläufige Planet in seinem Umlauf um die Sonne zeitweise langsamer vorankommt als die Erde, scheint er rückläufig. Rückläufigkeit gilt Astrologen, kurz gesagt, entweder als eine Hemmung der betreffenden symbolischen Planetenkraft oder als deren Verinnerlichung.

Planetenfunktion im Verhältnis zu Zeichen, Häusern und Aspekten

Die zehn Planeten Sonne, Mond, Merkur, Venus, Mars, Jupiter, Saturn, Uranus, Neptun und Pluto, die vier »Ecken« oder Achspunkte Aszendent (AC), Deszendent (DC), Himmelsmitte (MC) und Himmelstiefe (IC) und die beiden Mondknoten (der aufsteigende und der absteigende) symbolisieren die Kräfte des Lebens. Sie sind das »was passiert«, »was wirkt«. Es geht um Selbstverwirklichung und Gefühl, um Trieb und Arbeitsfähigkeit etc.

Die zwölf Zeichen des symbolischen Tierkreises geben Aufschluß darüber, »wie« etwas passiert oder wirkt.

Die zwölf Häuser bezeichnen Lebensbereiche, in denen sich die Planetenkräfte bemerkbar machen, also zum Beispiel Beruf, Partnerschaft, Familie usf. Wir kennen heute zwölf Häuser; früher wurde jedoch zunächst einmal nur mit vier Viertel oder »Quadranten« gearbeitet, dann auch zeitweise mit acht Häusern. Jedes System ist prinzipiell brauchbar; stärker gegliederte Systeme erlauben natürlich eine größere Differenzierung der Auslegungen. Die zwölf Häuser zeigen astrologisch an, »wo« etwas passiert, in welchem Lebensfeld.

Aspekte sind besondere Winkelbeziehungen zwischen den Planeten, den Achsen und den rechnerischen Punkten. Die Aspekte, zum Beispiel Opposition, Trigon oder Quadrat, zeigen astrologisch an, in welcher Beziehung die Planetenkräfte zueinander stehen. Gehen Arbeitsfähigkeit und Gefühl Hand in Hand oder stehen sie konträr zueinander? Wirken das Streben nach Selbstfindung und sinnliche Triebe harmonisch zusammen oder sind diese Kräfte verspannt?

Als Schlüsselbegriffe können wir uns merken:

Planeten = Was wirkt oder passiert?
Zeichen = Wie geschieht es?
Häuser = Wo werden die Kräfte spürbar?
Aspekte = Wie wirken die Kräfte aufeinander?

Einteilung des Horoskopbildes

Zur oberen Hälfte des Horoskopkreises, oberhalb der Aszendent-Deszendent-Achse, gehören die Begriffe Tag, Bewußtes, Kopf, Individuum. Zur unteren Hälfte gehören Nacht, Unbewußtes, Körper, Kollektiv.

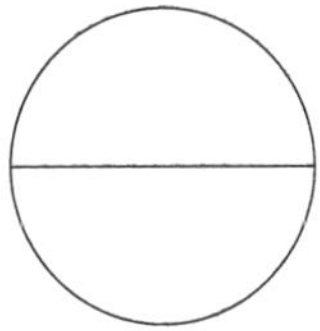

Zur linken Hälfte des Horoskops, links der Mittelachse, die idealtypisch mit der MC-IC-Achse zusammenfällt, zählen die Schlüsselworte Ich und Ich-Bezogenheit; zur rechten Häfte Du und Du-Bezogenheit.

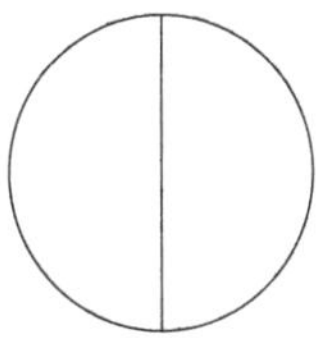

Im I. Quadranten drückt sich das »Ich« und der Trieb aus.
Im II. Quadranten findet sich das »Wir« und der Instinkt.
Im III. Quadranten ist das »Du« und das Denken angesiedelt.
Im IV. Quadranten kommt das »Man« und das Sein zum Ausdruck.

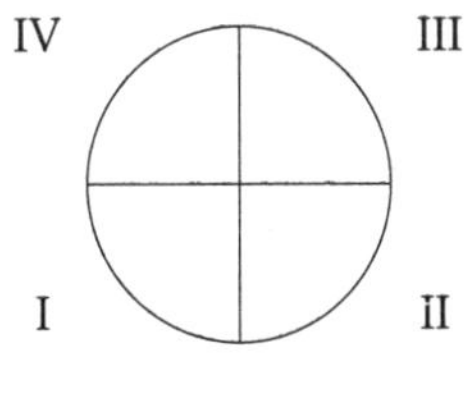

Zu Ihrer Orientierung drucken wir noch eine Übersicht mit den gebräuchlichen Zeichen und Symbolen für die astrologischen Begriffe ab.

Astrologische Symbole der Planeten

Die üblichen graphischen Zeichen für die Planeten bestehen aus wenigen Grundelementen, die in den unterschiedlich gestalteten Planetensymbolen den Wesenskern des jeweiligen Planeten plakativ zum Ausdruck bringen.

Wir finden

Kreis	= Unendliche Ganzheit	○
Halbkreis	= Endliche Begrenztheit	ↄ ∪
senkrechte Linie	= Geistiges Streben	|
waagerechte Linie	= Körperliche Ausdehnung	—
Kreuz	= Verbindung beider Linien	+
Pfeil	= aktives abgewandeltes Kreuz	↗
Punkt	= Lebenswille, Lebenskern	•

in verschiedenen Kombinationen.

Und so sehen die Symbole für die Planeten und Tierkreiszeichen aus:

Sonne	☉	Mars	♂	Neptun	♆
Mond	☽	Jupiter	♃	Pluto	♇
Merkur	☿	Saturn	♄		
Venus	♀	Uranus	⛢		
Aufsteigender Mondknoten ☊					
Absteigender Mondknoten ☋					
Widder	♈	Löwe	♌	Schütze	♐
Stier	♉	Jungfrau	♍	Steinbock	♑
Zwillinge	♊	Waage	♎	Wassermann	♒
Krebs	♋	Skorpion	♏	Fische	♓

(Es gibt bisweilen auch andere Darstellungen, zum Beispiel für Uranus und Pluto. In unserem Sprachraum sind die hier abgebildeten Symbole gebräuchlich.)

Die Planeten und ihre Bedeutungen in Stichworten

Sonne
Betont im Zeichen Löwe und im 5. Haus.
Lebensziel, Selbst, Wesenheit, Lebensschöpfung, Vitalität, Selbstverwirklichung, Bewußtheit, Souveränität; der Mann.
Falls geschwächt: Passivität, Hyperaktivität, Selbstüberschätzung.

Mond
Betont in Krebs und im 4. Haus.
Seelisches, Gefühle, Vertrauen, Hingabe, Beschützendes, Funktionalität, Phantasie, Gemüt, Traum; Mütterliches, die Frau.
Falls geschwächt: Gefühlshemmung, Ungeborgenheit, Launenhaftigkeit.

Merkur
Betont in Zwillinge und Jungfrau sowie im 3. und 6. Haus.
Intellekt, Austausch, Sprache, Nachrichten, Wendigkeit, Lernfähigkeit, Ökonomie, Urteile, zweckgerichtetes Handeln.
Falls geschwächt: Kontaktprobleme, Geschwätzigkeit, Kopflastigkeit oder problematische kommerzielle Einstellungen.

Venus
Betont in Stier und Waage sowie im 2. und 7. Haus.
Harmonie oder Harmoniebedürfnis, Sinnlichkeit, Nähe, weibliche Libido, Beziehungsfähigkeit, Zärtlichkeit, Ästhetik, Kunst, Formsinn.
Falls geschwächt: Scheinharmonie, Konsumhaltung, Narzissmus, Trägheit.

Mars
Betont in Widder und im 1. Haus.
Initiative, Energie, Triebkraft, »Yang«-Aspekt der Libido, also drängende oder gebende Liebe. Aktivität, Antrieb, Durchsetzungsfähigkeit und Risikobereitschaft.
Falls geschwächt: Ungeduld, Aggression, Konfliktscheu oder Rücksichtslosigkeit.

Jupiter
Betont in Schütze und im 9. Haus.
Sinnbedürfnis, Optimismus, Glaube, Ganzheitlichkeit, Erkennntis, Weisheit, Lebenssinn, Optimum.

Falls geschwächt: Überheblichkeit, überzogene Erwartungen, Ausschweifungen.

Saturn
Betont in Steinbock und im 10. Haus.
Sicherheit, Struktur, Integration, Pflichtgefühl, Leistungsbereitschaft, Konzentration, Begrenzung, Verantwortung.
Falls geschwächt: Sturheit, Geiz, Härte, Ängste, Kontrollzwang, Beschränkung.

Uranus
Betont in Wassermann und im 11. Haus.
Intuition, Eingebungen, Originalität, Individualisierung, Erneuerung, Freiheits- und Reformstreben, Veränderungsdrang, Kreativität, Toleranz, Plötzlichkeit.
Falls geschwächt: Angst vor Risiken, Unberechenbarkeit, Exzentrik, Unbeweglichkeit.

Neptun
Betont in Fische und im 12. Haus.
Einfühlung, Hingabe, Ahnungen, Träume, Verschmelzungsbedürfnis, Anteilnahme, grenzüberschreitende Schau, Auflösung, Friede, Meditation, Mystik, Vertrauen, Weichheit.
Falls geschwächt: Illusion, Realitätsflucht, Antriebsschwäche, Opfer-Helfer-Syndrom.

Pluto
Betont in Skorpion und im 8. Haus.
Leitbild, Wandlung, Metamorphose, Überwindung von Ängsten und Zwängen, Machtstreben, Sexualität, Magie, Tod und Wiedergeburt, radikale Umgestaltung.
Falls geschwächt: Abwehr, Machthunger, Fanatismus, Opferrolle, Abhängigkeit vom Kollektiv.

Aufsteigender Mondknoten
Heißt auch »Drachenkopf«. Steht für Zukunftsorientierung, neue Aufgaben, Entwicklungswege, neue karmische Herausforderungen und Chancen. Nach B. A. Mertz ähnlich wie Jupiter/Sonne.

Absteigender Mondknoten
Heißt auch »Drachenschwanz«. Steht für Vergangenheitsbindungen,

Gewohnheitsmuster, Fluchtwege, ungelöstes »altes« Karma. Nach B. A. Mertz Qualität ähnlich wie Saturn/Mond.

Aszendent-Deszendent-Achse

Die Achse Aszendent-Deszendent ist das persönlichste Element in jedem Horoskop. Der Aszendent ist jener Punkt im 360-Grad-Meßkreis der Sternzeichen, der im Moment der Geburt im Osten am Horizont aufgeht, betrachtet vom Ort der Geburt. Der Deszendent ist der »absteigende« Punkt und liegt genau gegenüber.

Alle vier Minuten rückt der symbolische Tiermeßkreis einen Grad auf dem 360-Grad-Rund weiter. Deshalb kann eine auch nur um wenige Minuten falsche Uhrzeitangabe einen großen Unterschied machen. Ein Beispiel dafür: Wenn die Angabe von 4.50 früh zu einem Aszendenten von 28 Grad Zwillinge führt, später aber herauskommt, daß die richtige Uhrzeit 5.10 gewesen ist, so liegt der Aszendent dann bei 3 Grad Krebs.

Der Aszendent (AC) symbolisiert das Ich, das Selbstbild, die »Persona« des Horoskopinhabers.

Der Deszendent (DC) symbolisiert das persönliche Du, die Begegnung mit unmittelbaren Partnern und die eigene Einstellung bzw. die Projektion auf das Du.

MC-IC-Achse

Die MC-IC-Achse geht mehr oder weniger senkrecht durch das Horoskop. Sie richtet sich nach der Geburtszeit und dem Geburtsort, wie die AC-IC-Achse.

MC (Medium Coeli) = Sonnenhöchststand, südlichster Punkt im Horoskop. Äußere Stellung oder Bestimmung im Leben, Erwartungen von Familie oder Gesellschaft. »Man!« Qualität oft wie 10. Haus.

IC (Immum Coeli) = Sonnentiefststand, nördlichster Punkt im Horoskop. Herkunft, innere Heimat oder »Karma«. Gewohnheiten sowie innere Verwirklichung. »Wir!« Qualität oft ähnlich wie 4. Haus.

Was bedeutet der Tierkreis?

Aufteilung der zwölf Zeichen, vier Elemente, drei Motivationen

Bekanntlich, und der führende deutsche Astrologe Bernd A. Mertz macht zu Recht darauf immer wieder aufmerksam, handelt es sich bei den Tierkreiszeichen um einen gedachten, in der Vorstellung »konstruierten« Meßkreis von zwölf Zeichen mit genau jeweils 30 Grad Ausdehnung, die zusammen den 360-Grad-Kreis der astrologischen Zeichen bilden. Die diesem Meßkreis mythologisch zugrunde liegenden Fixsternkonstellationen haben mit dem in der westlichen Astrologie benutzten Tierkreis nichts gemeinsam außer dem Namen. Die Konstellationen verbinden extrem weit auseinanderliegende, in keiner Weise zusammengehörige Fixsterne zu »Sternbildern«, die darüber hinaus sehr unterschiedlich groß sind und keineswegs alle genau 30 Grad betragen. Im übrigen haben sich die Himmelsorte der zwölf Sternbilder, also der Fixsternkonstellationen, die wir am Himmel sehen, durch einen astronomischen Vorgang, den man »Präzession« nennt, um rund 23 Grad gegenüber dem immer gleichen Meßkreis der astrologischen Tierkreiszeichen verschoben. (Mehr darüber zum Beispiel in den Lehrbüchern von B. A. Mertz.)

Die vier Elemente und die Tierkreiszeichen
Feuer: Widder, Löwe und Schütze werden durch das Feuerelement bestimmt. Vom Typ her handelt es sich hier um »extrovertierte Choleriker«. Intuition, Kraft und Aktion sind in diesem Element besonders ausgeprägt.

Erde: Stier, Jungfrau und Steinbock zählen als Erdzeichen. Der Typ des »introvertierten Phlegmatikers« gehört hierher. Schlüsselworte für das Erdelement sind Besitz, Sicherheit und empfindsame Beharrung.

Luft: Zwillinge, Waage und Wassermann werden dem Luftelement zugeordnet. Dafür ist der »extrovertierte Sanguiniker« typisch. Denken, Austausch und Vielseitigkeit sind stark entwickelt.

Wasser: Krebs, Skorpion und Fische sind astrologisch betrachtet Wasserzeichen. Der Typ des »introvertierten Melancholikers« bezeichnet dieses Element am besten. Fühlen, Anpassung und Phantasie sind ausgeprägte Merkmale dieses Elements.

Die drei Motivationen und die zwölf Zeichen

Widder, Krebs, Waage und Steinbock gehören zu den »kardinalen Zeichen«. Ihre Grundausrichtung ist aufbauend, formend, schöpferisch und richtungweisend.

Stier, Löwe, Skorpion und Wassermann sind »feste Zeichen.« Ihre Motivation ist fixierend, konzentriert, beharrlich und stabilisierend.

Zwillinge, Jungfrau, Schütze und Fische nennt man »veränderliche Zeichen«. Ihre Ausrichtung ist vor allem beweglich, lebhaft, ideenreich und anpassungsfähig.

Kernaussagen zu den zwölf Zeichen

Widder – Motto: »Ich mache!«
Antrieb durch den Willen, Dynamik, Durchsetzung, Tatkraft, Pioniergeist, Impulsivität, Ungeduld, Draufgängertum, Begeisterungsfähigkeit.
Besondere Beziehung zu Mars und zum 1. Haus.

Stier – Motto: »Ich erwerbe!«
Stoffliche Grundlagen, Sinnesfreude, Genuß, Realismus, Sicherheitsstreben, materielle Ausrichtung, Kraftreserven, Starrheit, Trägheit, Aufnahmefähigkeit.
Besondere Beziehung zu Venus und zum 2. Haus.

Zwillinge – Motto: »Ich kommuniziere!«
Beweglicher Geist, Austausch, Beweglichkeit, Kontaktfreude, Neugier, Vielseitigkeit, Reizhunger, Oberflächlichkeit, Anpassungsvermögen.
Besondere Beziehung zu Merkur und zum 3. Haus.

Krebs – Motto »Ich fühle!«
Das seelisch Schöpferische, Fürsorglichkeit, Anschmiegsamkeit, Phantasie, Schutzbedürfnis, Unselbständigkeit, Launenhaftigkeit, Einfühlungsvermögen.
Besondere Beziehung zu Mond und zum 4. Haus.

Löwe – Motto: »Ich will!«
Konzentration des Willens, Lebensfreude, Selbstbewußtsein, Risikobereitschaft, Wärme, Kreativität, Eitelkeit, Selbstherrlichkeit, Beschützungsvermögen.
Besondere Beziehung zu Sonne und zum 5. Haus.

Jungfrau – Motto: »Ich analysiere!«
Stoffliche Grenzen, Konzentration auf Wesentliches, Nutzstreben, Arbeit, Vernunft, Gründlichkeit, Ordnungsliebe, Pedanterie, Kritik, Unterscheidungsvermögen.
Besondere Beziehung zu Merkur und zum 9. Haus.

Waage – Motto: »Ich gleiche aus!«
Lenkender Geist, Charme, Geselligkeit, Diplomatie, Harmoniestreben, Ausgewogenheit, Bequemlichkeit, Konfliktscheu, Verbindungsfähigkeit.
Besondere Beziehung zu Venus und zum 7. Haus.

Skorpion – Motto: »Ich engagiere mich!«
Träger seelischer Spannungen, Leidenschaftlichkeit, Transformationsprozesse, Instinkt, (Selbst-)Kritik, Extremismus, Defensive, Widerstandsfähigkeit.
Besondere Beziehung zu Pluto und Mars und zum 8. Haus.

Schütze – Motto: »Ich suche!«
Zielgerichteter Wille, Idealismus, geistige Ordnung, Freiheitsstreben, Expansion, Arroganz, missionarischer Dogmatimus, Zielstrebigkeit.
Besondere Beziehung zu Jupiter und zum 9. Haus.

Steinbock – Motto: »Ich leiste!«
Das stofflich Bewegende, Pflichtgefühl, Ehrgeiz, Belastbarkeit, Ausdauer, Starrköpfigkeit, Härte, Verantwortungsbewußtsein.
Besondere Beziehung zu Saturn und 10. Haus.

Wassermann – Motto: »Ich finde!«
Ordnung des Geistes, Ideenreichtum, Originalität, Reformbestrebungen, Provokationslust, Realitätsferne, Kühle, Individualismus.
Besondere Beziehung zu Uranus und zum 11. Haus.

Fische – Motto: »Ich glaube!«
Seelische Anteilnahme, Hilfsbereitschaft, Hingabe, Medialität, Mystik,

Beeinflußbarkeit, Illusionen, Suchtgefährdung, Einfühlungsvermögen. Besondere Beziehung zu Neptun und zum 12. Haus.

Diese Schlüsselbegriffe zu den Tierkreiszeichen gründen sich auf von mir bearbeiteten Texten der Astrodata-Horoskopkarten, die ich zusammen mit der Züricher Astrologin Monica Kissling entwickelt habe und auf die im Anhang gesondert hingewiesen wird.

Die Differenzierung der drei Dekaden

Die Gliederung der 30°-Abschnitte der Zeichen des symbolischen Tierkreises in drei »Dekanate«, also Unterabschnitte von jeweils 10°, hilft, besser zu verstehen, warum zum Beispiel Mars im Krebs nicht gleich Mars im Krebs ist. Wie sich die Planetenkräfte auswirken, wird nicht nur das Zeichen allgemein bestimmt, sondern speziell auch durch die »Färbung« des jeweiligen Zeichenabschnitts, in dem sich der betreffende Planet befindet.
Halten wir uns zunächst vor Augen, daß unter den zwölf Tierkreiszeichen vier Elemente vertreten sind, nämlich Feuer = Kraft, Erde = Beharrung, Luft = Austausch und Wasser = Anpassung.
Widder, Löwe und Schütze sind Feuerzeichen. Ihre jeweiligen »Planetenherrscher« sind Mars, Sonne und Jupiter.
Stier, Jungfrau und Steinbock sind Erdzeichen; ihre Herrscher sind Venus, Merkur und Saturn.
Zwillinge, Waage und Wassermann sind Luftzeichen. Sie werden jeweils von Merkur, Venus und Uranus »regiert«.
Krebs, Skorpion und Fische sind Wasserzeichen, die jeweils von Mond, Pluto und Neptun beherrscht werden.
Die 1. Dekade eines Zeichens – also von 1° bis 10° – wird vom »Planetenherrscher« dieses Zeichens bestimmt. Die 2. Dekade – von 10° bis 20° – wird vom Planetenherrscher des nächsten Zeichens in der jeweiligen Elemente-Dreiheit beeinflußt. Die 3. Dekade schließlich wird vom Planetenherrscher des 3. Zeichens der jeweiligen Elemente-Dreiheit »regiert«. Daraus ergibt sich folgende Übersicht.

Widder	1°–10°	= Die Marskraft wirkt in diesem Abschnitt.
Widder	10°–20°	= Die Sonnenkraft ist hier besonders spürbar.
Widder	20°–30°	= Die Jupiterkraft beeinflußt diesen Abschnitt.
Stier	1°–10°	= Die Venuskraft ist hier deutlich ausgeprägt.

Stier	10°–20°	= Die Merkurkraft ist in diesem Abschnitt stark.
Stier	20°–30°	= Hier macht sich die Saturnkraft bemerkbar.
Zwillinge	1°–10°	= Die Merkurkraft ist stark.
Zwillinge	10°–20°	= Die Venuskraft herrscht vor.
Zwillinge	20°–30°	= Die Uranuskraft ist ausgeprägt.
Krebs	1°–10°	= In diesem Abschnitt ist die Mondkraft spürbar.
Krebs	10°–20°	= Hier überwiegt die Plutokraft.
Krebs	20°–30°	= Einfluß durch die Neptunkraft.
Löwe	1°–10°	= Die Sonnenkraft wirkt hier besonders.
Löwe	10°–20°	= Die Jupiterkraft macht sich bemerkbar.
Löwe	20°–30°	= Die Marskraft wird hier spürbar.
Jungfrau	1°–10°	= Deutlicher Vorrang von Merkurkraft.
Jungfrau	10°–20°	= Merklicher Einfluß von Saturnkraft.
Jungfrau	20°–30°	= Spürbare Wirkung von Venuskraft.
Waage	1°–10°	= In diesem Abschnitt wirkt Venuskraft.
Waage	10°–20°	= Hier herrscht Uranuskraft vor.
Waage	20°–30°	= In diesem Abschnitt ist Merkurkraft deutlich.
Skorpion	1°–10°	= Einfluß durch Plutokraft.
Skorpion	10°–20°	= Vorrang von Neptunkraft.
Skorpion	20°–30°	= Wirkung von Mondkraft.
Schütze	1°–10°	= Hier macht sich Jupiterkraft bemerkbar.
Schütze	10°–20°	= In diesem Abschnitt herrscht Marskraft.
Schütze	20°–30°	= Sonnenkraft wirkt hier spürbar.
Steinbock	1°–10°	= Saturnkraft regiert diesen Abschnitt.
Steinbock	10°–20°	= Hier überwiegt Venuskraft.
Steinbock	20°–30°	= In diesem Abschnitt herrscht Merkurkraft.
Wassermann	1°–10°	= Uranuskraft regiert in diesem Dekanat.
Wassermann	10°–20°	= Merkurkraft wirkt auf dieses Dekanat.
Wassermann	20°–30°	= Venuskraft herrscht hier vor.
Fische	1°–10°	= In diesem Abschnitt hat Neptunkraft Vorrang.
Fische	10°–20°	= Hier wirkt sich Mondkraft aus.
Fische	20°–30°	= Plutokraft wird spürbar.

An zwei Beispielen im Telegrammstil möchte ich Ihnen zeigen, wie sich die Berücksichtigung der Planetenkräfte, die in besonderer Weise auf ein bestimmtes Dekanat eines Zeichens wirken, in der Deutung niederschlagen könnte.

Mars im 1. Dekanat Krebs: Energie und Gefühlskraft (Mond)
Mars im 2. Dekanat Krebs: Energie und Machtstreben (Pluto)
Mars im 3. Dekanat Krebs: Energie und Verschmelzung (Neptun)

Mond im 1. Dekanat Steinbock: Gefühl und Prüfung (Saturn)
Mond im 2. Dekanat Steinbock: Gefühl und Harmoniestreben (Venus)
Mond im 3. Dekanat Steinbock: Gefühl und Verstand (Merkur)

Meiner persönlichen Auffassung nach sind die Dekanatseinflüsse durch die verschiedenen Planetenkräfte bei den individuellen »Schnelläufern« Sonne, Mond, Merkur, Venus, Mars sowie AC-DC und MC-IC offensichtlicher und spürbarer als bei den »Generationsplaneten« Jupiter, Saturn, Uranus, Neptun und Pluto.
Zusammenfassend können wir festhalten: das »Was«, die Kraft eines Planeten in einem Zeichen, welches das »Wie« charakterisiert, wird teilweise auch durch die Planetenkraft mit beeinflußt, die der Dekade entspricht, in welcher der Planet steht.

Eine Feinabstimmung in zwölf Unterabschnitten

Jedes Zeichen ist nach antiker Tradition nicht nur in drei Dekanate zu jeweils 10° unterteilt, sondern noch stärker gegliedert, nämlich in zwölf Unterabschnitte von jeweils 2,5°. Denn in jedem Zeichen ist auch der gesamte Tierkreis ähnlich »angelegt«, wie in jeder Zelle eines Organismus die genetische Information des ganzen Körpers enthalten ist.
Die ersten 2,5° sind also zusätzlich zur eigentlichen Charakteristik des jeweiligen Zeichens durch Merkmale des Zeichens Widders »gefärbt«, die zweiten 2,5° durch das Zeichen Stier, und so fort bis zum letzten Abschnitt, der zusätzlich zur Eigencharakteristik auch vom Zeichen Fische gefärbt wird. Als Erleichterung zum Nachschlagen wieder eine Übersicht.

0° – 2,5° = Widdermerkmale
2,5° – 5° = Stierfärbung
5° – 7,5° = Zwillingecharakteristik
7,5° – 10° = Krebstönung

10° – 12,5° = Löwefärbung
12,5° – 15° = Jungfraumerkmale
15° – 17,5° = Waagetönung
17,5° – 20° = Skorpioncharakteristik
20° – 22,5° = Schützefärbung
22,5° – 25° = Steinbockmerkmale
25° – 27,5° = Wassermanncharakteristik
27,5° – 30° = Fischetönung

Wieder zwei Beispiele. Ein Aszendent bei 1° Jungfrau sollte nicht nur nach dem Zeichen Jungfrau = analytisch, ordentlich, mental wach etc. – gedeutet werden, sondern wir sollten auch bedenken, daß die vorwärtsdrängende, mutige, pionierhafte und bisweilen ungeduldige Widdercharakteristik das Rollenspiel dieses Menschen färben kann.
Eine Sonne bei 24° Löwe wird sich keineswegs so glänzend darstellen, wie wir es vielleicht bei dieser Sonnenposition erwarten würden. Vielmehr beeinflussen Steinbockmerkmale das Selbstgefühl so, daß man meint, sich alles schwer erarbeiten und meist öffentliche Anerkennung entbehren zu müssen.
Sie haben mit dieser Einteilung eine interessante Methode und ein zusätzliches Instrument, um sich und andere Menschen astrologisch noch besser zu verstehen. Sicher macht es Ihnen auch Spaß, einzelne Planeten daraufhin zu untersuchen, in welches Dekanat und in welchen Unterabschnitt sie fallen. Lesen Sie die Schlüsselworte nach und »experimentieren« Sie mit den sich ergebenden Deutungskombinationen. Nehmen Sie dabei nichts ungeprüft an und verlassen Sie sich eher auf Ihr eigenes Urteil als auf allgemeine Interpretationsregeln.

Was stellen die zwölf Häuser dar?

Allgemeine Deutungen

Die zwölf Häuser oder Felder sollen im Rahmen der Horoskopdeutung die Frage nach dem Lebensbereich beantworten, in dem sich Kräfte (Planeten) auf eine typische Weise (Zeichen) auswirken. Während die Planeten also die Kräfte symbolisieren, das »Was«, und die Zeichen die charakteristische Färbung, das »Wie«, bezeichnen die Häuser das »Wo«, in dem sich »Was« und »Wie« abspielt. Sie geben Aufschluß darüber, in welchem Lebensbereich des Alltags sich die Kräfte auswirken. Die Häuserstellung hängt vom möglichst minutengenau festgestellten Zeitpunkt sowie dem Ort der Geburt ab. Danach werden der sogenannte Aszendent und die zwölf Häuser errechnet. Wenn Sie Ihren Aszendenten und die Häuserstellungen noch nicht wissen, können Sie eine Ausrechnung bei einem astrologischen Computerdienst anfordern. Dazu finden Sie ein Bestellformular am Ende des Buches.
Die Kurzdeutungen zu den zwölf Häusern lehnt sich an die Texte für die Astrodata-Horoskopkarten an, die der Verfasser mitentwickelt hat. Hinweise dazu siehe ebenfalls im Anhang.

1. Haus
Thema: »Wie trete ich auf?«
Ich, Persönlichkeit, Rollenspiel, Selbstdarstellung, aber auch die »Maske«, die körperliche Erscheinung und unsere physische Vitalität werden von diesem Haus symbolisiert. Die Anlagen des Menschen und die Gegenwart des Lebens, die Art und Weise, etwas anzugehen, stehen im Mittelpunkt. Dieses Haus hat auch einen Bezug zum Zeichen Widder sowie zum Planeten Mars.

2. Haus
Thema: »Was sind meine Werte?«
Eigentum, Besitz und Werte, sowohl innere, geistige als auch äußere, materielle, sind in diesem Haus angesprochen. Talente, das Selbstwertgefühl, die verfügbaren Mittel, unsere stärksten Wünsche und Begabungen sowie Geldangelegenheiten, das Geben und Nehmen allgemein, spielen eine Rolle. Hier gibt es Verbindungen zum Zeichen Stier und zum Planeten Venus.

3. Haus

Thema: »Wie gehe ich mit Aufmerksamkeit um?«

In diesem Haus dreht sich alles um den Werdegang, die nähere Umgebung, um Nachbarn, Geschwister. Auch kurze Reisen und Briefe, Kommunikation allgemein, und somit auch Wissen und Sprache sind wichtig. Vielseitigkeit, Einstellung auf die Umwelt, Alltag sind weitere Schlüsselworte. Das Zeichen Zwillinge und der Planet Merkur spielen für das dritte Haus eine wichtige Rolle.

4. Haus

Thema: »Wo finde ich Geborgenheit?«

Unsere Wurzeln, das »Wir«, die Familie, die geographische oder spirituelle Herkunft, der biologische oder geistige Ursprung, unsere Kindheit, Tradition, die innere oder äußere Heimat, Heim, Haus, Innenleben, Privatbereich, Grundbesitz, der Lebensabend, unsere Vergangenheit und auch die Eltern gehören zum Themenkreis dieses Hauses. Es gibt eine starke Beziehung zum Zeichen Krebs und zum Mond.

5. Haus

Thema: »Wie lebe ich schöpferisch?«

Zu diesem Lebensfeld zählen (Er-)Zeugung, Lebensfreude, Kinder, Kreativität, Erotik, romantische Liebe und Affären, Liebhabereien, Spiel, Freizeit, Spekulation. Hier haben wir es mit einer besonderen Verbindung zum Zeichen Löwe und zur Sonne zu tun.

6. Haus

Thema: »Wo mache ich mich dienlich?«

In diesem Haus versuchen Astrologen Hinweise auf Arbeit, Arbeitsplatz, Alltag, Existenzsicherung, sozialen Dienst, Notwendigkeit zur Anpassung, Gesundheit, Ernährung, Dienen und auch Prüfungen zu erkennen. Das Zeichen Jungfrau und der Merkur gehören hierhin.

7. Haus

Thema: »Bei wem finde ich meine Ergänzung?«

In diesem »Partnerhaus«, das am Deszendenten, also gegenüber dem Aszedenten, liegt, stehen folgende Kernbereiche des Lebens im Mittelpunkt: das persönliche »Du«, sowohl in der intimen Partnerschaft als auch in anderen, familiären oder beruflichen sowie freundschaftlichen Beziehungen, das Zusammenleben mit einem anderen Menschen schlechthin, die Suche nach Ergänzung, Du-Bezogenheit, die 1. Ehe, auch persönliche Abhängigkeiten und Verträge aller Art, die zwischen zwei Personen geschlossen werden. Das Zeichen Waage und der Planet Venus gehören zu diesem Haus.

8. Haus

Thema: »Wie muß ich mich wandeln?«

Das ewige »Stirb und Werde« findet in diesem Haus seinen archetypischen Ausdruck, die Ich-Krise, Tod und Wiedergeburt, Verluste oder das, was wir dafür halten, Prüfungen, auch Regneration, Erbe, gemeinsamer Besitz bzw. Verbindlichkeiten sowie Investitionen, aber auch Sexualität und Macht gelten als wesentliche Schlüsselworte für das 8. Haus. Das Zeichen Skorpion und der Transformationsplanet Pluto sind ihm verwandt.

9. Haus

Thema: »Wo finde ich meinen Sinn?«

Ideale und geistige Ziele, neue Horizonte, Religion, Gottesbild, Wahrheitssuche, Freiheitsstreben, Gesetz, große Projekte, fernes Ausland, ein weit gespannter Austausch, bisweilen auch dogmatische Tendenzen finden in diesem Haus ihren Niederschlag. Die 2. Ehe wird nach dem 9. Haus gedeutet. Hier gibt es auch eine besondere Beziehung zum Zeichen Schütze und zum Planeten Jupiter.

10. Haus

Thema: »Wie werde ich erfolgreich?«

Idealtypisch fallt der MC und der Zenith, die »Himmelsmitte«, in das 10. Haus. Damit ist der außen sichtbare »Erfolg«, unser Beruf und die Berufung, unsere persönliche Entfaltung, das öffentliche Auftreten bzw. die Öffentlichkeit, Autorität und unsere Karriere, Selbstverwirklichung in der Gesellschaft, Prestige, Anerkennung und Stellung gekennzeichnet. Es gibt eine starke Beziehung zum Zeichen Steinbock und zum Planeten Saturn.

11. Haus

Thema: »Wo finde ich Inspiration?«

In diesem Abschnitt geht es um unsere Hoffnungen und Wünsche, um den Freundeskreis, Gruppen bzw. die Gemeinschaft allgemein, aber auch um die Spannung zwischen persönlicher Freiheit und sozialem Denken, um Reformstreben und Zukunftsvisionen, um den »Zeitgeist«. Man deutet eine 3. Ehe nach diesem 11. Haus. Das Zeichen Wassermann und der Planet Uranus sind diesem Lebensfeld verwandt.

12. Haus
Thema:« Wie finde ich Erlösung?«
Im 12. Haus finden wir einen symbolischen Abschluß, die Vollendung einer Lebensphase. Damit steht es für die Innenwelt, das Jenseits, für Verborgenes, für Mystik und Meditation, aber auch das Gebet. Es geht sowohl um die Auflösung von Grenzen als die Sehnsucht nach Verschmelzung, um Opferbereitschaft, um »Rückzug« in die Stille. In diesem Haus wird auch der Keim für die Zukunft gelegt, und es gilt manchmal im Geburtshoroskop auch als Bereich des Karmas, das Grundlage für dieses Leben ist. Traditionell kommt das 12. Haus bei vielen Astrologen schlecht weg als Bereich der Schatten, Behinderungen und verborgenen Feinde. Eine einseitige Negativbesetzung halte ich für fragwürdig. Das Zeichen Fische und der Planet Neptun besitzen eine besondere Beziehung zum 12. Haus.

Die 1., 4., 7. und 10. Häuser kann man analog den drei Motivationen oder Grundausrichtungen bei den zwölf Tierkreiszeichen auch als »aufbauende« Häuser bezeichnen. Sie beziehen sich auf Bereiche des Lebens und persönlichen Einsatzes, in denen es um aktiven Neuanfang und schöpferischen Aufbau geht.
Die 2., 5., 8. und 11. Häuser symbolisieren in dieser Systematik Lebensfelder, in denen wir unsere Tätigkeiten und Interessen vertiefen und bewahren.
In den 3., 6., 9. und 12. Häusern geht es dann um Besinnung, Vollendung und möglicherweise Vorbereitung zur Veränderung oder Auflösung.

Das Problem der verschiedenen Häusersysteme

Es gibt unterschiedliche Methoden, wie man Häuser berechnet. Allen gleich ist lediglich die Angabe für die beiden Hauptachsen Aszendent-Deszendent und MC-IC. Die meisten Häusersysteme ergeben »inäquale = ungleiche« Häuser; manche Häuser können ganz klein sein und umfassen vielleicht nur 5°, andere sind ziemich groß und umspannen eventuell sogar 65°. Vor allem in nördlichen Breiten, bereits auf der Höhe von Oslo zum Beispiel, kommt es zu solchen Verzerrungen der Häusergrößen.
Nach der traditionellen Bewertung der zwölf Häuser als typische Lebensbereiche hieße das dann, daß Menschen mit einem solchen Horoskop vielleicht ein winziges Partner- oder Berufshaus, ein riesiges Ge-

sundheits- oder Selbstfindungshaus haben usw. Daraus ergibt sich weiter, daß Planeten nur eine geringe »Chance« haben, in die Minihäuser zu fallen, während die Maxihäuser voller Planetenakzentuierungen sein können.
Weiter kann ich an dieser Stelle nicht in diese umstrittene Thematik einsteigen; aber aus dem Gesagten sowie einer Reihe weiterer Argumente ergibt sich für den Verfasser, daß es am meisten Sinn macht, mit »äqualen« = gleich großen Häusern zu arbeiten. Dabei ist jedes Haus 30° groß. Diese Meinung vertreten mit einer Fülle fundierter Begründungen übrigens auch Bernd A. Mertz, Johannes Vehlow und Charles Payne Tobey.
Johannes Vehlow meinte darüber hinaus übrigens, daß der Aszendent nicht der Anfang des ersten Hauses ist, sondern die Mitte bestimmt. Er sah alle sogenannten Häuserspitzen als Markierungen der jeweiligen Häusermitte, so daß sich danach das Haus also jeweils 15° links und rechts von dieser Markierung erstreckt.
Ich arbeite also mit gleich großen Häusern von jeweils 30°. Und wenn ein Planet zum Beispiel 2–3° über dem Aszendenten steht und ein anderer 2–3° vor dem MC, bewerte ich diese Planeten als wirksam auf das 1. Haus und nicht das 12., bzw. auf das 10. Haus und nicht auf das 9.
Aber wie immer: Bitte experimentieren Sie selbst und gewinnen Sie eigene Erfahrungen, damit Sie sich im Laufe der Zeit ein selbständiges Urteil bilden können.

Die »dreifache Häusereinteilung« mit den »Sonnenhäusern«

Altmeister Johannes Vehlow benutzte und propagierte die sogenannte »dreifache Häusereinteilung«. Dabei wird das Horoskop auf drei Häusereinteilungen hin gedeutet:

1. Das normale Häusersystem, bei dem der Aszendent das erste Haus bestimmt, und dann in einem 30°-Abstand alle weiteren bis zum 12. Haus folgen.
2. Das »mundane« Häusersystem, bei dem das Zeichen Widder gleichzeitig das 1. Haus ist, Stier das 2., und so fort bis zu den Fischen, die das 12. Haus kennzeichnen.
3. Die »Sonnenhäuser«, wobei die Sonne die Mitte des 1. Hauses markiert. Vom Sonnenstand ausgehend addiert man jeweils 30° Grad und erhält so die Mitte des 1. Hauses, und so fort, bis zum 12. Haus.

Die dreifache Häusereinteilung erfüllt mehrere Zwecke. Zum einen »erhärten« sich Aussagen, wenn sie nicht nur nach einem, sondern nach zwei oder gar drei Einteilungen eine Bestätigung finden. Zum anderen dienen die Mundanhäuser und die Sonnenhäuser auch in den Fällen, in denen der Aszendent nicht bekannt ist, etwa weil die Angabe der Geburtszeit fehlt.

Sehen wir uns ein Beispiel an:
Die Sonne steht bei 10° Waage, der Aszendent bei 2° Fische.
Der Mond soll in diesem Beispiel bei 5° Stier stehen.
Das 1. Haus nach der üblichen Berechnung beginnt mit dem Aszendenten bei 2° Fische und geht im äqualen System bis 2° Widder. Das 2. Haus reicht von 2° Widder bis 2° Stier. Und so weiter bis zum 12. Haus, das bei 2° Wassermann beginnt und bei 2° Fische endet.
Das 1. Sonnenhaus erstreckt sich von 10° Waage bis 10° Skorpion.
Das 2. Sonnenhaus geht von 10° Skorpion bis 10° Schütze. Und so fort bis zum 12. Sonnenhaus, das von 10° Jungfrau bis 10° Waage reicht.
Nach der Mundaneinteilung ist das 1. Haus mit dem Abschnitt Widder identisch, das 2. Haus mit dem Abschnitt Stier, und so fort bis zum 12. Haus, das sich über den Abschnitt Fische erstreckt.
Nach der üblichen Häuserberechnung steht der Mond am Anfang des 3. Hauses, das ja mit 2° Stier beginnt.
Nach der Einteilung nach Sonnenhäusern kommt der Mond ins 7. Haus.
Und der Mond fällt in diesem Beispiel in das 2. Mundanhaus, das mit dem Abschnitt Stier identisch ist.
Der Mond müßte also nach der »dreifachen Häusereinteilung« dreifach gedeutet werden – als wirksam für Angelegenheiten des 3., 7. und 2. Hauses. Es würde sich also um Gefühle und Empfindungen handeln, die durch die nähere Umwelt, den Alltag und durch Nachbarn oder Geschwister beeinflußt werden (3. Aszendentenhaus). Dieses Seelenleben ist indes vom Lebenskern der Persönlichkeit, vom Streben nach Selbstverwirklichung her auf eine Erfüllung bzw. Ergänzung in einer persönlichen Partnerschaft gerichtet (7. Sonnenhaus). Rein äußerlich betrachtet, zum Beispiel aus der Sicht Unbeteiligter, schlägt sich das Gefühlsleben indes im Bereich von Werten oder Besitz bzw. Geldangelegenheiten nieder (2. Mundanhaus).
Falls man den Mond in einer Deutungsvariante auf die Mutter bezieht, wären in diesem Beispiel u. a. folgende Überlegungen anzustellen: Die Mutter betrachtet(e) den Horoskopinhaber vor allem durch die Brille der Nachbarn bzw. Umwelt, obwohl sich das Kind nach einer direkten

persönlichen Beziehung sehnte, ohne Umwege über »Dritte«; als Beweis von Zuwendung galt finanzielle Unterstützung.

Wohlgemerkt, das sind konstruierte und isolierte Kurzinterpretationen, die nur dazu dienen, die Chancen einer Deutung nach der dreifachen Häusereinteilung exemplarisch aufzuzeigen.

Astrologische Deutungen zum Uranus

Die vielen Gesichter des Uranus

Traditonell »regiert« Uranus das Tierkreiszeichen Wassermann, ein Luftzeichen. Er steht im Zeichen Skorpion »erhöht«, wird im Zeichen Löwe »erniedrigt« und befindet sich im Zeichen Stier im »Fall«. Damit soll ausgesagt werden, daß dieser Planet in Wassermann und Skorpion stärker steht als in Löwe und Stier und deshalb seine Qualitäten deutlicher zum Ausdruck bringen kann. Da sich der Uranus rund sieben Jahre in jedem Zeichen aufhält, beziehen sich solche allgemeinen Aussagen auf ganze Jahrgänge.
Näheres lesen Sie im Abschnitt über die Zeitzyklen des Uranus ab Seite 37. Entsprechend dieser Zuordnung von Uranus zu den Zeichen sollte man annehmen, daß er auch in den 11. und 8. Häusern stärker steht, in den 5. und 2. Häusern dagegen schwächer.
Ich fasse in diesem Abschnitt zusammen, was in einer reichen astrologischen Literatur übereinstimmend festgehalten wird und was meiner eigenen Erfahrung entspricht. Besonders empfehlenswert zum weiteren astrologischen Studium sind die Werke von Bernd A. Mertz, Dane Rudhyar, Ernst-Günther Paris und Johannes Vehlow (nur noch antiquarisch erhältlich). Als Verlage mit einem ausgewählten, guten Angebot kann ich natürlich den Heyne Verlag München, aber auch die Verlage Astrodata Zürich und Hier&Jetzt Hamburg empfehlen. Diese Verlage geben Verzeichnisse mit ihrem Astrologiebuchprogramm heraus, die Sie im Buchhandel erhalten.

Uranustemperament und Uranusprinzipien

Wenn Uranus in Ihrem Horoskop eine zentrale Rolle spielt, so werden manche der nachstehenden Charakterzüge für Sie kennzeichnend sein. Wenn Sie unsicher über eine Zuordnung sind, fragen Sie am besten Partner oder Partnerin, Familienmitglieder, Freunde oder Arbeitskollegen. Die können uns manchmal besser einschätzen als wir uns selbst.
Eine »zentrale Rolle« bedeutet in diesem Zusammenhang, daß der Planet Uranus

- am Aszendenten oder am MC steht
- sich in Konjunktion oder Opposition zu Sonne oder Mond befindet
- der höchstgestellte Planet im Horoskop ist
- in seinem eigenen Zeichen Wassermann steht und/oder im 11. Haus

Prinzipien und Qualitäten

Uranus steht für höhere Vernunft, höheren Intellekt, Intuition, Erneuerung, Reformbestrebungen, Unabhängigkeitsdrang, Freiheitswillen, Eigenwilligkeit, Revolution, Umsturz, Originalität, Exzentrik, Extreme, plötzliche und unerwartete Veränderungen, Blitz bzw. Schock, Elektrizität, Aura, Geheimwissenschaften, Esoterik, Wassermannzeitalter.
Die Uranusqualität ist luftig, aktiv, austauschbereit, ideell, elektrisch, explosiv, magisch-okkult. Ein Uranus-»Typ« durchschaut die Motive von Menschen. Die Fähigkeit zum Hellsehen gehört ebenfalls zum Uranus.

Charaktermerkmale

Bewußtere Uranus-»Typen« sind geistreich, talentiert, schöpferisch, originell, sensibel, intuitiv, energisch, willensstark, ausdauernd, großzügig, veränderungsliebend, schnell entschlossen, aufgeschlossen für Neues, eigenartig.
Weniger bewußte Menschen mit einem starken Uranus sind oft nervös, reizbar, überspannt, launisch, schwärmerisch, utopisch, romantisch-sentimental, unordentlich, anmaßend, widerspenstig, rebellisch, eigenbrötlerisch. Vehlow schreibt: »Hierher gehört auch der Typ des närrischen Erfinders, der das Perpetuum mobile sucht!«

Temperament

Das Uranustemperament ist cholerisch-sanguinisch. Manly P. Hall schreibt in seinem englischen Büchlein »Astrological Keywords«, daß das Uranustemperament »impulsiv und extrem exzentrisch« sei. Der Horoskopinhaber geht »nicht nach seinem eigenen Geist, sondern wird ständig von der Vorsehung bewegt; oft wird er zu einem Fatalisten, der fühlt, daß sein Schicksal jenseits seiner eigenen Kontrolle« liege.

Berufe

Die folgende Aufstellung über typische Uranusberufe dient mehr der Erkenntnis der Uranusprinzipien als etwa einer statistisch gesicherten Aussage über tatsächlich beobachtete »Uranusberufe«.
Naturwissenschaftler, Erfinder, Elektrotechniker und Elektroniker, Fernseh- und Radioberufe, Archäologen, Antiquitätenhändler, Sozialreformer, Revolutionäre (falls das ein »Beruf« ist), Freidenker, Metaphysiker, Esoteriker, Hellseher, Astrologen, Künstler, welche mit neuen Ausdrucksformen experimentieren.

Gesundheit

Uranus ist astrologisch gesehen immer dann bei Gesundheitsbeschwerden beteiligt, wenn es sich um plötzliche, überraschende und heftige Krankheitsgeschehen sowie um Beschwerden im Zusammenhang mit dem Nervensystem handelt. Dazu gehören Unfälle aller Art, Verkehrsunglücke, Verletzungen durch Explosionen, Feuer und Elektrizität, aber auch Neuralgien, krampfartige und/oder nervöse Beschwerden, unter Umständen Migräne, die meisten Nervenleiden. Der Uranus hat auch mit der Hypophyse (der Hirnanhangsdrüse), dem Rückenmark und dem pulsierenden Atem zu tun.

Schicksale

Ein stark gestellter Uranus weist auf ein ungewöhnliches Leben hin, das stark bewegt oder gar unruhig ist und oft überraschende und sich schnell vollziehende Veränderungen und Wendungen mit sich bringt. Plötzliche »Glücksfälle« sind genauso vertreten wie Aufregungen und unerwartete »Katastrophen«. Man gewinnt rasch und unvorhersehbar Freunde oder Ansehen oder Reichtum – und kann sie ebenso schnell und abrupt wieder verlieren oder verlassen. Uranus-»Typen« sind oft Pioniere (oder betrachten sich zumindest als solche). Sie hegen Ideen und unternehmen Vorhaben, die aus dem Rahmen fallen und die sich mit Idealen verbinden.

Positive Entsprechungen zu einem harmonischen und starken Uranus sind zum Beispiel Erfolge durch Erfindungen und Entdeckungen, im Bereich der Luft- und Raumfahrt sowie der Computer und der elektronischen Massenmedien. Auch die geistige Förderung durch Freunde, Ruhm und Anerkennung durch die Erforschung neuer Wissensgebiete, durch Reisen, Studien und den Einsatz für die soziale Gemeinschaft gehören zu den Erfolgschancen der »Uraniker«. Schließlich fallen Glücksspielgewinne und plötzliche Glücksfälle aller Art hierunter.

Ein ebenfalls stark, aber disharmonisch gestellter Uranus zeigt eine gewisse Neigung an, in Unfälle, Unglücke, chaotische Umstände oder Katastrophen irgendwie »verwickelt« bzw. davon betroffen zu sein. Das bezieht sich sowohl auf gesundheitliche als vor allem auch private, partnerschaftliche und berufliche Themen und Beziehungen. Unerwartete Trennungen, plötzliche Änderungen der Existenzgrundlagen und ähnliches gehören zum Lebensalltag des Horoskopinhabers.

Grundsätzlich gibt es einen Uranus»einfluß« immer dann, wenn es dramatisch zugeht, sei es, daß in einer heftigen Debatte die Fetzen fliegen, sei es, daß die Milch plötzlich überkocht, ein Wasserrohr bricht, daß Sie unerwartete Begegnungen mit ungewöhnlichen Menschen oder einen plötzlichen Abschied erleben. Wenn in Ihrem Leben

jeden Augenblick etwas Neues passieren kann, wenn laufend Unruhe herrscht, wenn sich aus vermeintlich geringsten Anlässen einschneidende Wendungen in Ihrem Geschick ergeben, wenn Sie leicht impulsiv begeisterungsfähig sind, das Originelle lieben und etwas anderes als den Durchschnitt suchen, dann spielt Uranus eine wesentliche Rolle.
Uranus symbolisiert im Horoskop den Schlüssel zu Unabhängigkeit und Freiheit und je nach Häuser- und Zeichenposition und Aspektierung Ihren Weg zur Entwicklung Ihrer Intuition und zur Wahrnehmung höherer geistiger Dimensionen. Darauf gehe ich in den Abschnitten über Uranus in Zeichen, Häusern und Aspekten ein.

Orte
Elektrische und elektronische Anlagen (Radio- und Fernsehsender, Funktürme, Elektrizitätswerke, Blitzableiter und so fort), Luft- und Raumfahrtstationen, Versuchslaboratorien, aber auch Erdbebenzonen und aktive Vulkangebiete.

Farben, Edelsteine, Metalle
Indigoblau, Violett, Aquamarinblau, Bronzefarben, silbrig-irisierend; Aquamarin, Bergkristall, Bernstein, Topas, Zirkon (Vehlow nennt u. a. noch Bimsstein und Milchquarz); Platin.

Als Wochentag kann Uranus dem Mittwoch zugeordnet werden, da er die »höhere Oktave« des Merkurs darstellt, der in den romanischen Sprachen diesem Tag seinen Namen geliehen hat (»mercoledi« etc.). Vehlow nennt die Zahlen 5 und 10 als Uranuszahlen sowie die Himmelsrichtung Nordwest.

Uranus in den zwölf Zeichen des Tierkreises

Erinnern wir uns daran, daß der Langslamläufer Uranus etwa sieben Jahre in jedem Zeichen verweilt und damit eine Bedeutung für sieben Jahrgänge besitzt. Historisch interessierte Leser ermuntere ich dazu, die Position des Uranus in den Zeichen als Indiz spezifischer gesellschaftspolitischer Entwicklungen gedanklich mitzuverfolgen. Zu diesem Thema führe ich einige wenige Stichworte jeweils mit an.

Uranus im Zeichen Widder
Zum Beispiel – ohne Berücksichtigung kurzzeitiger »Rückläufigkeit« –

von April 1927 bis Mai 1934; nähere Angaben im Kapitel »Wo steht Ihr Uranus?«, das eine Monatstabelle mit den Uranuspositionen bietet.

Kernsatz
»Ich bringe das Neue voran!«

Stärken
Hohe Impulsivität, plötzliche Energieentfaltung, Pioniergeist, schnelle Wahrnehmungs- und Auffassungsgabe, erfinderisches Denken, Ehrgeiz.

Schwächen
Rücksichtslosigkeit, Fanatismus, blinder Eifer, Schwärmertum, Rastlosigkeit.

Gesundheit
Gefahr von Kopfverletzungen, Verbrennungen, Unglücken bei gefährlichen Hobbys, elektrischen Schlägen.

Lebensaufgabe
Öffnung für individuell erlebbare höhere Werte, persönlicher Einsatz für eine humanitäre und humanistische Ausrichtung der Gesellschaft.

Politik
In Deutschland begann sich eine neue Kraft, die Freiheit und Unabhängigkeit versprach, mit Macht zu regen und aus dem Bodensatz der sozialen Probleme ans Tageslicht der Gesellschaft zu drängen. Mit der »Machtergreifung« (legal, weil die Nazimehrheit durch Bürgerstimmen gewählt und der Machtwechsel parlamentarisch durchgeführt wurde) erreichte »Uranus im Widder« seinen zunächst verheißungsvollen, schließlich jedoch traurigen Höhepunkt.

Uranus im Zeichen Stier
Zum Beispiel von Mai 1934 bis August 1941.

Kernsatz
»Ich gebe Idealen Substanz!«

Stärken
Findigkeit im Geschäftsleben und beim Gelderwerb, Durchsetzungs-

kraft und Hartnäckigkeit; leidenschaftliche Beziehungen, die oft jäh einsetzen und ebenso abrupt enden können.

Schwächen
Unbedachter Eigensinn, der die notwendigen materiellen, wirtschaftlichen, finanziellen und strukturellen Grundlagen von Körper und Verstand, von Einzelmenschen und Gesellschaft gefährdet; Spekulation; unnötige Aufgabe von Werten (die USA gaben, so die Astrologin I. M. Hickey, während Uranus im Stier war, den Goldstandard auf und mußten mit der schlimmsten Rezession ihrer Geschichte kämpfen).

Gesundheit
Übermäßige Gewichtszunahme oder extremer Gewichtsverlust, Muskelbeschwerden, Kräfteauszehrung durch nervöse Zustände.

Lebensaufgabe
Sie müssen lernen, wahre Werte von scheinbaren zu unterscheiden und ein Gleichgewicht zwischen notwendigen materiellen Sicherheiten und inspirierenden geistigen Idealen zu finden.

Politik
In dieser Zeit konnten – wiederum auf Deutschland bezogen – mit Uranus im Stier die Versprechungen und Vorhaben des Wiederaufbaus Deutschlands nach der Zurückweisung der Reparationsforderungen des Versailler Vertrags weitgehend an Struktur und Festigkeit gewinnen. Auch die Anfangserfolge im beginnenden Zweiten Weltkrieg schienen – eben bis 1941 – das noch zu bestätigen.

Uranus im Zeichen Zwillinge
Zum Beispiel von August 1941 bis August 1948.

Kernsatz
»Ich tausche mich aus, um Neues zu entdecken!«

Stärken
Intuition, Redner- und Überzeugungsgabe, originelle Gedanken, ungewöhnliche Vorgehensweisen; wissenschaftliches, künstlerisches oder metaphysisches Denken; gute Auffassung und Reaktion, Organisationstalent.

Schwächen
Ruhelosigkeit, Nervosität, Sprunghaftigkeit, Zersplitterung, unruhiges Wesen; plötzliche, auf andere mitunter recht brüsk wirkende Verhaltensweisen.

Gesundheit
Neigung zur Nervenschwäche oder leichten Überreizung, Belastung des Lymphsystems und der Atemorgane, vor allem der Bronchien.

Lebensaufgabe
Sie können wesentlich dazu beitragen, daß es auf diesem Planeten zwischen Menschen aller Relgionen, Altersgruppen, Volkszugehörigkeiten und so fort eine wirklich offene Kommunikation gibt, die Ideale und Reformen zu verwirklichen sucht und sich nicht in Beliebigkeit oder Grundsatzlosigkeit verliert.

Politik
1941 bahnte sich der Umschwung an. Hitler-Deutschland griff die Sowjetunion an, eröffnete damit eine neue Front. Der japanische Angriff auf Pearl Harbor veranlaßte die USA, auf der Seite der Alliierten gegen Deutschland und Japan in den Krieg einzutreten. Ein neues Denken setzt ein: der Krieg wird zum Weltkrieg. Jetzt ging es darum, dem üblen Geist des Nazitums, der Weltherrschaft beanspruchte, einen neuen Geist der Demokratie und Menschenwürde entgegenzusetzen. Bekanntlich stehen die USA unter dem Zeichen Zwillinge. In den Nürnberger Prozessen wurde die Unmenschlichkeit des Hitler-Regimes endgültig entlarvt und zumindest teilweise zur Rechenschaft gezogen.

Uranus im Zeichen Krebs
Zum Beispiel von August 1948 bis August 1955.

Kernsatz
»Ich fühle mich der Ganzheit der Schöpfung verbunden!«

Stärken
Herzensgüte, mediale Neigungen, Sehnsucht in die Ferne bzw. häufiger Orts- und Wohnungswechsel; intuitive Einstellung auf die Bedürfnisse größerer Gemeinschaften. Lösung von Eltern und/oder Heimat.

Schwächen
Wechselbäder der Gefühle, Auflehnung gegen Tradition und Sitte;

Verbindungen mit eigenartigen bzw. eigenwilligen Menschen, die oft zu Ent-Täuschungen führen.

Gesundheit
Vernachlässigung des Flüssigkeitshaushalts (es wird oft zu wenig Wasser getrunken); bei Frauen unter Umständen unerwartete Unterleibskomplikationen, wenn Mars und Mond zum Uranus »schlecht« gestellt sind.

Lebensaufgabe
Sie werden herausgefordert, eine individuelle Balance zu finden zwischen ihren Bedürfnissen nach emotionaler Sicherheit und Ihren Ahnungen nichtmaterieller Bewußtseinsebenen und Ihren Entwicklungsaufgaben in diesen Dimensionen.

Politik
Der Nachkriegszeit mit der Währungsreform folgten nun Jahre des geduldigen Wiederaufbaus, an dem Frauen mehr als je zuvor (wenig beachteten, noch weniger vergüteten) Anteil hatten. Die geteilte Nation zog sich in häusliche Biederkeit zurück und arbeitete daran, der kleineren Familie ein neues, beständigeres Fundament zu sichern. Die Grundlagen für das spätere Wirtschaftswunder werden jetzt gelegt.

Uranus im Zeichen Löwe
Zum Beispiel von August 1955 bis August 1962.

Kernsatz
»Ich will das Neue schöpferisch gestalten!«

Stärken
Lebenslust und Lebenskraft, Freiheitsliebe und Unabhängigkeitssinn, Entschlossenheit, Mut zum Handeln, Unternehmungs- und Abenteuerlust; erotische Leidenschaft und überraschende, unerwartete romantische Passionen und Nöte. (Eigen-)Disziplin.

Schwächen
Spekulationstrieb, Neigung zur Verschwendung und Zügellosigkeit; »Wundergläubigkeit« oder Selbstüberschätzung, daß das »Glück« im rechten Augenblick noch alle jeweiligen Schwierigkeiten irgendwie plötzlich und auf unerklärliche Weise lösen wird.

Gesundheit
Tendenz zu plötzlicher Herzschwäche, eventuell auch Neigung zu Verbrennungen, Rücken- und Rückenmarksbeschwerden.

Lebensaufgabe
Sie können durch Ihre eigenen schöpferischen Tätigkeiten anderen Menschen Impulse vermitteln, wie auch diese ihr Leben kreativ gestalten können.

Politik
In diese Uranusepoche fällt der markante und glanzvolle Aufstieg der USA und die Verbreitung ihres »American Way of Life« mit Wohlstand, basierend auf Selbstvertrauen sowie wirtschaftlicher und militärischer Stärke. Auch (lebensgefährliches) Imponiergehabe wie im Streit zwischen Kennedy und Chruschtschow um die Atomwaffenstationierung auf Kuba, Idealisierungen wie die des jungen neuen Präsidenten John F. Kennedy und sogar sein gewaltsamer Tod auf dem Höhepunkt seines Glanzes kennzeichnen Aspekte von Uranus im Löwen.

Uranus im Zeichen Jungfrau
Zum Beispiel von August 1962 bis Oktober 1968.

Kernsatz
»Ich analysiere die tatsächlichen Lebensbedingungen und ziehe daraus Schlüsse auf die notwendigen Reformen!«

Stärken
Scharfsinniger Verstand, gute Beobachtungsgabe, eigenwillige Arbeitsmethoden, wissenschaftliche Einfühlungsgabe; Fähigkeiten als Heiler, Erzieher neuen Stils, Erfinder, New-Age-Wissenschaftler; ausgefallene Berufe.

Schwächen
Übertriebene Kritiklust, Unfähigkeit zur Zusammenarbeit im Team oder in untergeordneter Stellung.

Gesundheit
Großes Interesse an Gesundheit und Bewahrung der natürlichen Lebensgrundlagen. Neigung zur passiven oder sogar aktiven Beschäftigung mit Naturheilweisen und alternativen Heilkräften.

Lebensaufgabe
Die ganz alltäglichen Interessen der »kleinen Leute«, der vielen unscheinbaren einzelnen Menschen, die erst zusammen unsere Gesellschaften und unser Leben auf dieser Erde ausmachen, müssen in den Mittelpunkt der praktischen Reformbestrebungen zur Verbesserung der Lebensumstände auf unserem bedrohten Planeten gestellt werden.

Politik
Analyse und Kritik der Gesellschaftssysteme bereiten den Boden für den Vietnamkrieg einerseits und die fast weltweite Studentenrevolte gegen die inzwischen verkrustenden Herrschaftsstrukturen andererseits. Bewegungen von Bürgerrechtlern gegen rassische und geschlechtsbezogene Diskriminierungen gewinnen Zuspruch.

Uranus im Zeichen Waage
Zum Beispiel von Oktober 1968 bis September 1975.
Laut Isabel M. Hickey ist der Uranus der »esoterische Regent« des Zeichens Waage.

Kernsatz
»Ich entfalte neue Formen von Harmonie, Ästhetik und Schönheit!«

Stärken
Gespür für neue und gerechtere Gesetze und Gesellschaftsformen, Einfühlungsvermögen für neue und dabei harmonische Kunst – wir können von diesen Jahrgängen entscheidende Impulse für eine Renaissance spiritueller Kunst erwarten! –; schöpferisches Denken und künstlerische Gestaltungskraft.

Schwächen
Mangel an Anpassung, Rivalität in der Partnerschaft, geringe nervliche Belastbarkeit, daher Reizbarkeit.

Gesundheit
Gesundheitsbeschwerden durch nervliche Belastungen, die sich als Folge von Störungen im harmonischen Ablauf des Lebens ergeben.

Lebensaufgabe
Entwicklung neuer Formen der Partnerschaft, die nicht mehr von den »alten Spielen« der Geschlechter, von Machtpositionen, von Pascha- und Püppchen-Allüren bestimmt sind – und die nicht mehr durch

überholte dogmatische Moralansichten in Kirche und Staat reglementiert werden. Liebe ist wichtiger als Papiere.

Politik
Im Namen vermeintlicher Gerechtigkeit beginnt sich ein unheilvoller Reigen von Gewalt: Kriege in Vietnam und Kambodscha, Terrorakte von Repräsentanten unterdrückter Minderheiten (zum Beispiel Palästinenser) sowie von selbsternannten Revolutionären (»RAF«). Währenddessen geht der weltweite Wirtschaftsaufschwung der demokratischen Staaten fast explosionsartig weiter – der Westen »genießt«. Gleichzeitig bereitet eine neue, »uranische« Pop-Musik den unaufhaltsamen Wandel der kulturellen Werte vor.

Uranus im Zeichen Skorpion
Zum Beispiel von September 1975 bis November 1981.

Kernsatz
»Ich kämpfe engagiert für einen Durchbruch ins Wassermannzeitalter!«

Stärken
Energisches, furchtloses Wesen, das Schicksal wird offen angenommen, Willenskraft und Zähigkeit bei der Verwirklichung der eigenen Ziele, gute Reaktionsfähigkeit; ungetrübtes Erfassen von Motiven und Schwächen anderer Menschen.

Schwächen
Rücksichtslosigkeit mit Gefahren für sich und andere, manchmal aggressive und brüske Reaktionen; Selbsttäuschung über eigene Antriebe.

Gesundheit
Unter Umständen Unterleibsbeschwerden, wie unerwartete Krämpfe; Notwendigkeit, Kraftreserven, die unzweifelhaft bei dieser Uranusposition in besonderem Maße vorhanden sind, nicht zu überschätzen und völlig auszubrennen, sondern rechtzeitig wieder »aufzutanken«.

Lebensaufgabe
Die Transformation von der Freiheit und Selbstbestimmung auf der Ebene von Körper, Sinnlichkeit und Materie zur geistig-spirituellen Selbstverwirklichung auf der Ebene der bewußten Seele, die den Kör-

pertod überwindet. (Siehe auch Hinweis auf »Innere Astrologie« am Schluß des Buchs.)

Politik
Uranus im Skorpion weist auf leidenschaftliche Auflehnung gegen überkommene Anschauungen und auf ganz eigenwillige Formen der Selbstverwirklichung hin. In diese Zeit fällt die Hinwendung vieler junger Menschen im Westen zu praktischen Formen der Religionen des Ostens, sei es Buddhismus, Yoga, Meditation oder verschiedene Guruwege. Allerdings entstanden in dieser Zeit der Suche nach einer neuen Identität und der vermeintlichen Befreiung von sittlichen Normen auch die Anfänge der Aids-Epidemie.

Uranus im Zeichen Schütze
Zum Beispiel von November 1981 bis Februar 1988.

Kernsatz
»Ich suche nach neuen Aufgaben und nach Sinn!«

Stärken
Weitgesteckte Zeile voller humanitärer Ansprüche, freie und selbstbestimmte Weltanschauungen, Interesse an religiösen Reformen, Pioniergeist, Wunsch nach Befreiung von überlieferten und zugleich erstarrten hohlen Formen und Strukturen.

Schwächen
Ruhelosigkeit, Fanatismus, Welterlösungsphantasien, Verbohrtheit.

Gesundheit
Unter Umständen Neigung zu Sportverletzungen oder Unfällen, wenn der Abenteuergeist mit Ihnen durchgeht.

Lebensaufgabe
Moral, Gerechtigkeit, Philosophie, echte Religion und humanistische Lebensziele spielen eine wesentliche Rolle auf dem Lebensweg dieser Menschen. Sie sollten diese Herausforderungen voller Mitmenschlichkeit annehmen.

Politik
Der Umweltschutz wurde zu einem globalen Thema, die Zukunft der Erde als Ganzheit. Immer mehr Menschen verließen ihre Heimatlän-

der, um im oft weit entfernten Ausland ihr Glück zu suchen. Die Weltraumfahrt machte ebensogroße Fortschritte, wie die Zahl der angeblichen UFO-Sichtungen zunahm, mysteriöse Kornkreise entdeckt wurden und das Interesse an metaphysischen Welterklärungen wuchs.

Uranus im Zeichen Steinbock
Zum Beispiel von Februar 1988 bis März 1995.

Kernsatz
»Ich rüttle an den Grundfesten toter Formen, bis diese in sich zusammenfallen!«

Stärken
Gespür für Macht und Autorität, konzentrierte Lebenskraft, ungewöhnliche Lebensziele, darin Ehrgeiz, plötzliche Berufswechsel, technisch-konstruktive und mathematische Begabungen.

Schwächen
Solche Menschen schwanken oft, ob sie ein Mindestmaß an alter Ordnung aufrechterhalten und sich daran festhalten sollen, oder ob sie den Sprung in das zumindest zeitweise Chaos einer Welt oder eines Lebens ohne klare Ordnung wagen sollen; Unbeugsamkeit, verkrampfte Konzentration auf bestimmte Pläne, Opfer starker öffentlicher Kritik.

Gesundheit
Neigung zu Knochenbrüchen oder Hautverletzungen, Anfälligkeit für Magengeschwüre und Verdauungsprobleme.

Lebensaufgabe
Öffnen Sie sich für Inspiration und Intuition aus höheren Sphären, um zu erfassen, welche neue Ordnung an die Stelle der gerade gestürzten treten kann und soll.

Politik
Der heftige Uranus im Saturn-Zeichen Steinbock, das auch tote Strukturen und starre Traditionen symbolisiert, rüttelt an den Grundfesten der Gesellschaften, politisch und sozial. Die ausgezehrten und nur noch auf militärischer Macht beruhenden Ostblockregimes mußten ihren Geist aufgeben – weil der kommunistisch-idealistische Ursprungsgedanke längst verlorengegangen war. Gesellschaftliche Pro-

bleme zwischen Arm und Reich sowie »Einheimischen« und »Ausländern« potenzieren sich. Wir stehen womöglich vor dem Beginn einer ersten echten »Weltkultur«.

Uranus im Zeichen Wassermann
Zum Beispiel von März 1995 bis nach der Jahrtausendwende. Auch deshalb spricht man vom anbrechenden »Wassermann-Zeitalter«, das neue Ideale anstrebt! Im Zeichen Wassermann »regiert« der Uranus.

Kernsatz
»Ich finde meinen ganz eigenen Weg!«

Stärken
Fähigkeit zur Arbeit im Team oder für die Gemeinschaft, Organisationstalent, fortschrittliches Denken, vielseitige Interessen und Ziele, Erfindergabe, gutes Gedächtnis, Menschenkenntnis und psychologische Einfühlung, wissenschaftlich-intellektuelle Bewußtheit.

Schwächen
Rebellische Auflehnung gegen jede Ordnung, Widerspenstigkeit, mangelnde Anpassung.

Gesundheit
Neigung zu Kreislaufproblemen, wenn sich diese Horoskopinhaber nicht genügend körperliche Bewegung verschaffen.

Lebensaufgabe
Verständnis und Mitgefühl entwickeln für solche Menschen, die nicht intellektuell-geistig orientiert sind, sondern mehr emotional-seelisch leben.

Politik
Noch dürfen wir darauf hoffen, daß die besten Qualitäten des Uranus im Wassermann zur Geltung kommen könnten: Aufbruch zu neuen Ufern, begeisterter Einsatz für Ideale, Gemeinsinn und Humanismus, auch und gerade für Andersdenkende, für Menschen anderer Sprache, Religion und Hautfarbe. Haben wir die Lektionen der Geschichte endlich gelernt?

Uranus im Zeichen Fische
Zum Beispiel von Januar 1920 bis April 1927.

Kernsatz
»Ich glaube an das Höchste im Menschen!«

Stärken
Offenheit für Kräfte aus den un- oder unterbewußten Schichten der Persönlichkeit, plötzliche Eingebungen oder Visionen, reges Traumerleben, metaphysische Interessen, Medialität, stark entwickeltes Mitgefühl für andere Menschen.

Schwächen
Unverstandensein, Geheimniskrämerei, unrealistische Phantasien, merkwürdige Ideale; Anfälligkeit für Drogen aller Art.

Gesundheit
Übersensibilität führt leicht zu physischen und emotionalen Belastungen des Nervensystems.

Lebensaufgabe
Die Sehnsucht nach Befreiung von den Zwängen dieses Erdenlebens sollte einerseits akzeptiert und in konkrete Bahnen (zum Beispiel Meditation mit dem inneren Licht und Ton) gelenkt werden, andererseits sollte man jedoch auch die von der Schöpfung so vorgesehenen Notwendigkeiten eines stabilen und harmonischen Erdenlebens beachten und auch dem Körper sein Recht zukommen lassen.

Politik
Deutschland suchte eine neue Freiheit (nach dem verlorenen Krieg und dem Versailler Vertrag) in den Illusionen der »goldenen Zwanziger«. Die Zeit war von stetiger Unruhe gekennzeichnet, in der Gesellschaft gärte es, Gewaltakte waren an der Tagesordnung. Der Drang der Menschen nach wirtschaftlicher und politischer Unabhängigkeit in einer Zeit des allgemeinen Chaos wurde in die Kanäle der Verführer von rechts und links gelenkt.

Uranus in den zwölf Häusern der Lebensbereiche

Uranus im 1. Haus
Plötzliche Entwicklungssprünge gehen einher mit ungewöhnlichen Erfahrungen und einem originellen, bisweilen auch eigenwilligen Charakter. Stark ausgeprägte Individualität und deutlicher Unabhängig-

keitswille. Eigene Ansichten und Arbeitsweisen, unerwartete, vielleicht auch exzentrische Reaktionen auf plötzliche Impulse von innen oder außen. Unruhe, selbst verschuldete Isolierung, Neigung zu Extremen und unstetiges, rasch wechselndes Gefühls- und Gedankenleben, wenn sich Uranus in einem Spannungsaspekt zu einem der persönlichen Planeten befindet. Auf jeden Fall ein »Häuptling« und kein »Indianer« (falls keine gegensätzliche Kompensation vorliegt), ein Mensch, der geniale Einfälle hat und Reformideen hegt, ein Nonkonformist, der anderen neue Wege zeigt, und eine Person, für die eine Ethik des Geistes wichtiger ist als eine traditionelle Moral. Ernst-Günther Paris spricht auch von »Weitsicht« (in »Der Schlüssel zum Horoskop«, Urania Verlag). Schwankendes Selbstbild.

Uranus im 2. Haus

Menschen mit dieser Uranusposition erleben vermutlich häufige Aufs und Abs in ihren Einkommens- und Vermögensverhältnissen. Finanziellen Nutzen kann man durch Antiquitäten, Kunst, Erfindungen, Patente und technische Produkte erlangen. Eigene Methoden, um zu Geld zu kommen und sich unabhängige Verdienstquellen zu schaffen. Vorsicht vor spekulativen Verhaltensweisen, vor allem, wenn der Uranus »angegriffen« wird (Opposition oder Quadrat zu Sonne, Mond, Merkur oder Mars). Ausgeprägte Phantasie und Vorstellungskraft – daher auch unerwartete Gewinne durch geistige Arbeit oder eigenartige Objekte möglich (laut Paris). Sehnsucht nach finanzieller Unabhängigkeit kann so stark werden, daß dies als genügender Antrieb zu geschäftlichem Erfolg dient. Eigenwillige Anschauungen über Werte allgemein und materielle Werte im besonderen.

Uranus im 3. Haus

Viele Veränderungen in der näheren Umgebung und im Alltagsleben in jungen Jahren. Daraus erwächst unter Umständen eine innere Auflehnung, die zur äußeren Rebellion gegen etablierte Umgangsformen und so fort wird und den Horoskopinhaber in Konflikte mit seiner Umwelt stürzt. Für Wissenschaftler und Forscher allgemein gilt dies als eine günstige Uranusposition. Sie bringt einerseits geistige Wachheit und Sinn für komplizierte Zusammenhänge mit sich, andererseits aber auch eine deutliche mentale Ruhelosigkeit und manchmal eine schwache Konzentrationsgabe. Neigung zu zahlreichen Reisen, die spontan beschlossen und angetreten werden, allgemein viele Ortswechsel. Mitunter Spannungen unter Geschwistern und in der Verwandtschaft. Solche Menschen fühlen sich oft in ihrer jeweiligen Umgebung nicht wirklich zu Hause. Mit der Gabe zur Kommunikation sollte man bedacht umgehen, um Menschen zusammenzuführen und nicht, um sie damit (unbewußt?) vor den Kopf zu stoßen.

Uranus im 4. Haus

Ein abwechslunsgreiches Leben, das aufgrund der häufigen und/oder einschneidenden Ortswechsel zum Gefühl der Heimatlosigkeit führen kann. Charakterverhärtungen oder eingeschliffene Verhaltensmuster werden durch »äußere« überraschende und heftig wirkende Ereignisse »gebrochen«. Erstaunlich oft eine frühe Trennung von der Mutter oder vom Elternhaus. In den späteren Lebensjahren Interesse an psychologischen, metaphysischen und spirituellen Wissensgebieten. Bemerkenswerte Erfahrungen ab der zweiten Lebenshälfte, die zur Entwicklung der intuitiven Gaben und zur Verinnerlichung beitragen. Vielleicht werden solche Geschehnisse auch zu einer gewissen »Vereinsamung« führen. Instinktive Ablehnung gegen alles, was den Menschen zu sehr an seine geistigen und körperlichen Wurzeln binden würde, also gegen Heimat und Heim, Familie und Tradition. Oder – als Kompensation – das genaue Gegenteil. Auf jeden Fall aber wird diese Neigung immer wieder zu Ent-Täuschungen führen, bis der Horoskopinhaber erkennt, daß sich persönliche Freiheit und zumindest »Bindung« und »Abhängigkeit« von überpersönlichen, spirituellen Kräften nicht ausschließen.

Uranus im 5. Haus

Originelle schöpferische Ideen und Fähigkeiten, ungewöhnliche Liebesbeziehungen, plötzliche romantische Begegnungen, exzentrische oder heimliche Liebeserlebnisse. Die eigenen Kinder sind sehr unabhängig und besitzen ein ausgeprägt eigenwilliges Gemüt. Sinn für spekulative Verhaltensweisen und Investitionen. Neigung zur dramatischen Inszenierung der eigenen Persönlichkeit – deshalb sollten die Energien sowohl bei einem selbst wie bei Kindern früh in bewußte und rechte Bahnen gelenkt werden, um einer Tendenz zur Selbstentfaltung, die für andere zerstörerisch wirkt, von vornherein entgegenzuwirken. Bei Spannungsaspekten zum Uranus immer wieder Enttäuschungen in den Liebesbeziehungen, Probleme mit den Kindern oder Verluste durch unbedachte Spekulationen. Man sollte darauf achten, daß der Wunsch nach Ausdruck der eigenen Einzigartigkeit auch den Menschen in der näheren Umgebung genügend Freiraum läßt, damit auch sie sich frei entfalten können.

Uranus im 6. Haus
Diese Menschen können sich nur schwer in irgendeine Arbeitsroutine hineinfinden. Sie sind in der Lage, sich energisch einzusetzen und innovative Impulse zu geben, sollten aber an einer Stelle oder in einer Funktion arbeiten, die ihnen viel Spielraum zur inhaltlichen und äußeren Beweglichkeit gibt. Oft treiben sich Menschen mit dieser Uranusposition zu so enormen Leistungen an, daß sie ihre Kräfte unbemerkt erschöpfen und plötzlich eine Art Vakuum spüren. Häufig unerwartete Ereignisse im Zusammenhang mit Mitarbeitern oder Untergebenen, auf die es schnell zu reagieren gilt; bisweilen Ungeduld im Umgang mit Mitarbeitern, was zu unnötigen Spannungen führt. Bei Spannungsaspekten schwankende Gesundheit, nervliche Überlastung und ungewöhnliche Gesundheitsbeschwerden. Im Rahmen der Zeitenwende vielleicht auch eine Chance, neuartige Heilmittel und Therapiemethoden zu finden und anzuwenden. Ungewöhnliche Arbeitsverhältnisse, aber auch die Herausforderung, die »Pflicht« zur Teamarbeit mit dem Drang zur Unabhängigkeit »unter einen Hut« zu bringen.

Uranus im 7. Haus
Außergewöhnliche Partnerschaften, sowohl privat wie beruflich; man zieht Partner/innen an, die »anders« sind als andere, die selbständig sein wollen, die viel Neues und Aufregendes, aber auch viel Wirbel und Unruhe mit sich bringen. Impulsiv bzw. schnell geschlossene Verbindungen; unter Umständen auch plötzliche Trennung durch Scheidung oder Tod. Oft zahlreiche Ortswechsel wegen der Partnerschaft. In der – persönlichen oder geschäftlichen – Partnerschaft gibt es wenig Alltägliches. Bei Spannungsaspekten zum Uranus übereilte Verbindungen, Entfremdungen und Trennungen, auch persönliche Angriffe durch Kritik oder Opposition, bisweilen gar nicht an einem selbst, sondern gegenüber dem Partner. Paris spricht von »treuer Ehehälfte« und »romantischer Liebe (als) Lebensprinzip«. Starke Wirkung des Partners für Selbstwertgefühl und Selbstbild. So stimulierend ungewöhnliche Partnerschaften sind, so sehr bedürfen sie in den meisten Fällen einer gewissen beiderseitigen Ordnung und Disziplin in der Beziehung, um die Partnerschaft auf einer stabilen Basis auch im Alltag leben zu können. Sonst begeistert zwar die eigentümliche Faszination des anderen, aber man findet keinen rechten, realistischen Boden unter den Füßen.

Uranus im 8. Haus
Starke mediale Neigungen und Gaben, Interesse für Grenzgebiete des

Lebens und Bereiche jenseits des Körpertods. Reiches Traumleben. Plötzliche Erbschaften sind ebenso möglich wie unerwartete Todesfälle in Familie oder Bekanntschaft, die einen selbst unmittelbar berühren. Fähigkeit zum intuitiven Verständnis und zur Hilfe voller heilsamen Mitgefühls bei menschlichen Problemen anderer; weniger Klarheit bei eigenen Herausforderungen. Vor allem, wenn Mars in Konjunktion, Quadrat oder Opposition steht, sollte man sich vor voreiligen Entscheidungen in beruflichen oder geschäftlichen Angelegenheiten besonders hüten und eine Tendenz zu hitzigen Temperamentsausbrüchen und vorschnellen Zornesreaktionen bewußt vermeiden lernen – sonst Unfallneigung oder unerwartete Verluste. Bei gut gestelltem Uranus tiefe Begegnungen und erregende Erfüllung auf der sexuell-erotischen Ebene, bei durch Spannungsaspekte angegriffenem Uranus intensive, aber eher bizarre oder energievergeudende Sexualität.

Uranus im 9. Haus

Weitblickendes, philosophisch oder humanitär motiviertes Denken, das darauf angelegt ist, alte Grenzen zu überschreiten und neue Dimensionen zu eröffnen. Besondere Reisen und günstige Ereignisse im Ausland – eventuell auch Heirat eines ausländischen Partners –, oder in »geistigen Reisen«, also in der Meditation oder im Zuge der Anwendung bestimmter höherer Bewußtseinstechniken. Überraschende Einsichten und unerwartete Förderung durch Ortswechsel. Hickey schreibt dieser Uranusposition auch »Erfolg im Verlagswesen, Lehrerberuf oder in Auslandsangelegenheiten« zu. Paris spricht sogar von »prophetischen Gaben«. Religiöses »Rebellentum« oder zumindest sehr unorthodoxe Anschauungen. Falls der Uranus durch schwierige Aspekte »angegriffen« wird, so muß man mit Hindernissen bei Auslandsreisen, problematischen Rechtsangelegenheiten und einer materialistisch geprägten Gemütsverfassung rechnen.

Uranus im 10. Haus

Gut entwickelte Vorstellungskraft, starker Drang nach beruflicher Unabhängigkeit, originelle Denkweisen und Arbeitsmethoden. Plötzliche Veränderungen im Arbeits- oder Gesellschaftsleben, Berufswechsel – oft selbst verursacht, weil man auf der stetigen Suche nach dem »richtigen« Beruf ist. Auf und Ab des »Lebensglücks«, ungewöhnliche Tätigkeiten. Nonkonformistische Anschauungen und Verhaltensweisen, oft von idealistischen Motiven geprägt. Unbewußte Menschen mit dieser Uranusstellung im 10. Haus meinen gern, daß ein direktes, rücksichtsloses Vorgehen auf die eigenen Ziele am ehesten zum Erfolg führt. Dabei geraten dann soziale Verantwortlichkeiten unter die Räder, zusätzlich eckt man viel zu oft an. All das vermittelt zwar vielleicht das Gefühl persönlicher Unabhängigkeit, endet aber meist in Enttäuschungen und Verlusten. Bewußter lebende Menschen mit dieser Uranusstellung werden ihre ungewöhnlichen Interessen und Talente zwar auch zur Geltung bringen und spontanen Eingebungen zu Reaktionen oder Aktivitäten folgen, ihr Tun jedoch in größere Zusammenhänge stellen, so daß einer Gemeinschaft gedient wird. Das hat Erfolg.

Uranus im 11. Haus

Unvorhersehbare impulsive Kursänderungen in bezug auf Pläne und Ziele, Kommunikation mit anderen und eigene Tätigkeiten. Hilfen durch Freunde, die teils ungewöhnlich exzentrisch, zum anderen Teil aber durch und durch konservativ sind. Bei ungünstiger Uranusaspektierung üble Nachrede und Hemmnisse durch vermeintliche Freunde. Aufregende oder abenteuerliche Liebesbeziehungen, zumal nach einer 1. Ehe; Partnerschaften werden häufig recht unüberlegt aufgenommen. Beziehungen ergeben sich auf überraschende Weise und schnell, sie können aber ebenso rasch und unerwartet wieder enden. Starke Empfindungen von Sympathie und Antipathie, die allerdings sehr schwankend sein können. Diese Uranusposition verleiht die Gabe, andere Menschen in deren individueller Persönlichkeit zu erkennen und zu fördern, so daß sich diese mit ihrer Einzigartigkeit schöpferisch ausdrücken und darstellen können.

Uranus im 12. Haus

Unbändiger Freiheitswille, aber oft äußere Bindungen, die ein Gefühl des Gefangenseins auslösen. Mit dem hier angelegten Sinn für Spiritualität sollte es den Horoskopinhabern möglich sein, ihre Unabhängigkeit auf der Ebene der Seele zu erleben, dort, wo allein die wahre Freiheit herrscht, weil hier die Beschränkungen des dreidimensionalen Körperlebens nicht mehr gelten. Vertrauen Sie den Eingebungen aus höheren Bewußtseinsebenen. Nutzen Sie dieses Leben als wunderbare »karmische« Chance, die Wahrheit hinter allen relativen Formen zu erkennen. Allgemein kann man Menschen mit Uranus im 12. Haus raten, sich vor unbewußten »Programmen« zu hüten, die einen in unnötigen und unrealen Gegensatz bringen zum Leben, so wie es ist. Vielmehr geht es darum, die Begrenzungen des irdischen Lebens anzunehmen und die Kraft dafür einzusetzen, die unbegrenzte Welt der Seele zu erforschen (siehe auch Hinweis auf die »Innere Astrologie« am Ende des Buchs). Für Wissenschaftler und Forscher aller Bereiche, auch in der Esoterik und Astrologie, die hinter den Kulissen wirken, ist diese Uranusstellung förderlich.

Uranus in Aspektbeziehungen zu den anderen Planeten

Jeder Planet symbolisiert eine bestimmte Kraft. Wie diese Kräfte aufeinander wirken, ergibt sich durch die sogenannten Aspekte. Aspekte sind Winkelbeziehungen zwischen Planeten, die man im Horoskopbild ablesen kann.
Aspekte sagen etwas darüber aus, wie sich die Planetenkräfte gegenseitig beeinflussen. Wenn es keinen Kontakt zwischen den einzelnen Planeten gibt, so heißt das, daß diese Planeten nichts oder zumindest nicht viel miteinander zu tun haben.
Im Horoskopkreis sind mit farbigen oder schwarzen Strichen zwischen den Planetensymbolen sogenannte Aspekte vermerkt. Auf den Horoskopblättern finden Sie mit oder ohne kleine Winkelsymbole weitere Angaben zu den Aspekten abgedruckt. Die Gradzahlen dieser Winkel geben Aufschluß darüber, ob und falls ja, wie die jeweiligen Planetenkräfte aufeinander wirken, ob sie harmonieren oder herausfordern, antreiben oder beruhigen, etc.
Wenn im Horoskopkreis von 360 Grad zwei Planeten genau an derselben Stelle stehen, nennt man das eine Konjunktion. Wenn sich zwei Planeten genau gegenüberstehen, verwenden wir den Begriff Opposition. Ein Trigon ist ein Aspekt von 120 Grad, und so fort.
Sie finden am Schluß in Klammern einen Hinweis, bei wieviel Grad Abweichung dieser Aspekt immer noch gültig ist. Bei der Konjunktion kann man zum Beispiel auch bei sechs bis acht Grad Abweichung von einer »exakten« Konjunktion noch davon ausgehen, daß es sich um einen Konjunktionsaspket handelt.

Konjunktion 0 Grad
Konzentration von Kräften, die je nach Planeten Spannung oder Kraftverstärkung bedeutet. Aktivität, Wirksamkeit; Koppelung und direkte Berührung!
Die Konjunktion ist ein sehr starker Aspekt. (6–8 Grad)

Opposition 180 Grad
Polare Spannung, die zur bewußten Klärung herausfordert; »Begeg-

nungsaspekt«. Bewußtheit, Erkenntnis, Gegenüberstellung, Zwiespalt. Die Opposition ist ein starker Aspekt. (6–8 Grad)

Trigon 120 Grad
Ausgleichende Synthese (die auch träge machen kann); »Produktivitätsaspekt«. Schöpfung, Gestaltung; Harmonie, Einklang. Das Trigon ist ein mittelstarker Aspekt. (5–6 Grad)

Quadrat 90 Grad
Spannung, die zum konstruktiven Umgang auffordert; »Herausforderungs- oder Widerstandsaspekt«. Aufbau, Konstruktion, auch Sperrung.
Das Quadrat ist ein starker Aspekt. (5–6 Grad)

Quintil 72 Grad
Kunstsinn und künstlerisches Können, schöpferische Transformation. Das Quintil ist ein schwacher Aspekt. (2 Grad)

Sextil 60 Grad
Harmonischer Aspekt, der eigene Kreativität verlangt bzw. anregt; »Neigungsaspekt«. Heißt auch »kleines Trigon«. Erzeugung, Werk, Verknüpfung; unbeschwerte Freude. Das Sextil ist ein mittlerer bis schwächerer Aspekt. (4–5 Grad)

Halbsextil 30 Grad
Ambivalent; schwächer und bisweilen »schwieriger« als Sextil. Intimität, Berührung oder Entfernung! Das Halbsextil ist ein schwacher Aspekt. (3–4 Grad)

Quincunx 150 Grad
Ambivalent; »Entscheidungs-« oder »Sehnsuchtsaspekt«. Klärung, Bewußtwerdung, »Riß«. Das Quincunx ist ein mittlerer bis schwächerer Aspekt. (4–5 Grad)

Halbquadrat 45 Grad
Ähnlich wie Quadrat, aber meist schwächer. Aktivität; schöpferische Transformation von Spannungskräften.
Das Halbquadrat ist ein mittlerer bis schwächerer Aspekt. (3-4 Grad)

Nonagon 40 Grad
Schöpfung, Gestaltung, Abschluß von Zyklen, Vorbereitung auf

Durchbruch zu neuen Dimensionen. Das Nonagon ist ein schwacher Aspekt. (2 Grad)

Nicht aspektierter Planet
Wenn ein Planet keinerlei Verbindung zu mindestens einem anderen Planeten (oder zu mindestens einer wichtigen Achse – Aszendent-Deszendent, Medium coeli-Imum coeli, Mondknotenachse) aufweist, also nicht mit einem der starken oder mittleren Aspekte verbunden ist, so sprechen die Astrologen von einem »isolierten« Planeten. Die durch den betreffenden Planeten repräsentierte Kraft wirkt wie isoliert; man muß sie bewußt integrieren lernen.
Dieser »Nicht-Aspekt« gilt als mittelstark.

Unter den Namen der Aspekte finden Sie Hinweise wie »stark«, »mittel« oder »schwach«. Es gilt aber auch: je weiter der Aspekt von der gradgenauen Winkelbeziehung entfernt ist, desto schwächer wird er wirken. Über den »Orbis«, also den Umkreis, wie weit ein Aspekt noch wirkt, wenn die Winkel nicht genau sind, gibt es unter Astrologen unterschiedliche Meinungen. Bei Sonne und Mond geht man von einem größeren Umkreis aus (plus 2 Grad vom Mittelwert), bei den langsamen Planeten wie Neptun und Pluto von einem kleineren (minus 1–2 Grad vom Mittelwert). Bei starken Aspekten läßt man gleichfalls einen größeren Umkreis gelten, bei schwachen Aspekten einen kleineren. Die Zahlen in Klammern spiegeln die persönliche Ansicht des Autors und befinden sich im Vergleich zur astrologischen Fachmeinung etwa im Mittelfeld.
Für unsere Zwecke hier reicht die Aufteilung in drei Beziehungsmuster zu den anderen Planeten, und zwar Energieaspekte, das sind Konjunktionen; Herausforderungsaspekte, das sind Oppositionen und Quadrate; Förderungsaspekte, das sind Trigone und Sextile.
Wir unterscheiden in der Astrologie weiter zwischen zwei Arten von Aspekten. Einmal gibt es Aspekte von Planeten im Geburtshoroskop, die eine Grundlage für Charakter und Schicksal im Geburtshoroskop bilden. Zweitens bilden sich im Verlauf des Lebens zwischen den laufenden Planeten und den Planeten des Geburtshoroskops immer wieder neue bestimmte Aspekte. Diese Aspekte zwischen den laufenden Planeten und Geburtsplaneten sind sogenannte Transite, die sich als zeitlich begrenzte Tendenzen, Herausforderungen und Chancen bemerkbar machen.
Die Aspekte der Planeten in Ihrem Geburtshoroskop entnehmen Sie bitte Ihrem eigenen Horoskopbild bzw. -blatt. Wenn Sie noch kein ei-

genes Horoskop besitzen, können Sie es zum Beispiel bei Astrodata anfordern; siehe Bestellformular im Anhang.

Eine Anmerkung: Der führende deutsche Astrologe Bernd A. Mertz formuliert teilweise abweichende Deutungen der Aspekte, vor allem zum »Confinis-Aspekt« von 30 Grad. Siehe auch sein ausgezeichnetes systematisches Lehrbuch »Das Grundwissen der Astrologie«, Heyne Taschenbuch 08/9447.

Deutung von Aspekten des Uranus zu den anderen Planeten

Sonne/Uranus: Schöpferkraft und Schicksalswandel

Kombination von Sonne/Uranus allgemein
Risikobereitschaft zur Veränderung, Individualität und Auflehnung, Unpersönlichkeit, Exzentrik. Starke Sonne/Uranus-Aspekte bezeichnen meist Menschen mit revolutionären oder zumindest sehr ungewöhnlichen Ideen, die in irgendeinem Sinne ihrer Zeit voraus bzw. fortschrittlich sind. Allerdings bringt ihr Leben, gleich aus welchen Gründen, immer viel Aufregung mit sich. Reinhold Ebertin nennt in seinem Buch »Kombination der Gestirneinflüsse« (Ebertin Verlag Freiburg, 10. Aufl. 1979) speziell auch Herzneurose und Herzinfarkt!
Grundsätzlich sind Sonne/Uranus-Aspekte Vorboten zu plötzlichen Wenden im Leben. Oft spielen weite Reisen eine Rolle.

Energieaspekt Konjunktion Sonne/Uranus
Ungewöhnliche Persönlichkeit mit unabhängigen, umwälzenden und meist ungewohnten Ideen. In der Umwelt findet das oft keine Zustimmung, vielmehr deutliche Ablehnung oder Widerspruch. Ernst-Günter Paris spricht auch von »plötzlichen, romantischen Bindungen, die oftmals eine jähe Trennung erfahren« (»Der Schlüssel zum Horoskop«, Bd. I, Urania Verlag CH-Neuhausen). Bei Sonne/Uranus-Konjunktion, -Opposition und -Quadrat muß allgemein mit überraschenden Begegnungen mit männlichen Personen und eben genauso raschen Abschieden gerechnet werden.

Förderungsaspekte Trigon/Sextil Sonne/Uranus
Originalität, Beweglichkeit, Reformstreben, Weitblick, Selbstvertrauen, auch wenn man keinen öffentlichen Zuspruch findet, Einflußnahme auf Umwelt ist auch aus einer »Außenseiterposition« möglich; Freiheitsliebe.

Herausforderungsaspekte Opposition/Quadrat Sonne/Uranus
Konflikte können entstehen zwischen den Bedürfnissen nach Liebe einerseits und Freiheit andererseits, zwischen Führungsanspruch und Gleichheitsprinzipien, zwischen einem Hang zur dramatischen Inszenierung der emotionalen Persönlichkeit und intellektueller Gelassenheit. Ungeduld, Zersplitterung von Energien und Eigenwilligkeiten sind ein weiteres Merkmal.

Mond/Uranus: Gefühl und Veränderung

Kombination von Mond/Uranus allgemein
Im Vordergrund werden eine ungewöhnliche Kombination von Sensibilität für Emotionen anderer Menschen, dabei aber eine gewisse eigene innere »Gefühllosigkeit«, und eine gut entwickelte Intuition und lebendige Ausdrucksfähigkeit stehen. Dazu kommen Themen wie Freundschaften allgemein, das Gleichgewicht zwischen Gemeinschaftsbindung und Bewahrung der individuellen Unabhängigkeit. Eine bestimmte emotionale Unbeständigkeit.

Energieaspekt Konjunktion Mond/Uranus
Individualismus bis hin zur Sonderlichkeit, ge- oder überspanntes Gefühlsleben; die Gabe, interessante Menschen, vor allem Frauen, anzuziehen und entweder sie zu fördern oder durch sie gefördert zu werden. Überraschende Begegnungen und auch wieder rasche Trennungen, vor allem mit bzw. von Frauen.

Förderungsaspekte Trigon/Sextil Mond/Uranus
Emotionen und Intellekt arbeiten gut zusammen, geistige Beweglichkeit und seelische Erregbarkeit. Interesse bis hin zur Neugier für Neues. Zeitweise Verbindungen mit ungewöhnlichen Frauen. Häufige äußerliche Umstellungen wie Ortswechsel, Reisen und allgemein Rastlosigkeit. Aufgeschlossenheit für seelische Grenzgebiete.

Herausforderungsaspekte Opposition/Quadrat Mond/Uranus
Reizbarkeit, Widerstände gegen vermeintlich dauerhafte Bindungen, vor allem zu Frauen, plötzliche Gefühlsschwankungen oder unerwartete Veränderungen.
Konflikte, die als Lernaufgabe gelöst werden sollten, sind u. a. Spannungen zwischen dem Wunsch nach Nähe und der Sehnsucht nach Freiheit, zwischen Familie und Freunden, kürzlicher Vergangenheit und naher Zukunft sowie zwischen dem Gefühl, persönlich etwas Be-

sonderes zu sein, und dem gleichzeitigen Streben nach humanistischer Gleichheit.

Venus/Uranus: Liebe und Originalität

Kombination von Venus/Uranus allgemein
Gleichberechtigung, Reform von Partnerschaftsformen, Liebeserregung, plötzliche Veränderungen in Partnerschaften, ungewöhnliche Verbindung von Intuition und sinnlichem Empfinden; eigenwillige Neigungen; viele Freunde.

Energieaspekt Konjunktion Venus/Uranus
Starke Gefühlsspannungen, exzentrische Liebesäußerungen, schnelle Verliebtheit, schnelle Trennungen; Beliebtheit; intuitives Einfühlunsgvermögen, besonders in weibliche Anliegen.
Künstlerische Anlagen und schöpferische Gestaltungsgaben, besonders in Musik und im Hinblick auf Rhythmus. Unabhängigkeitsdrang in Liebe und Kunst.

Förderungsaspekte Trigon/Sextil Venus/Uranus
Originelles Wesen mit ausgeprägter sinnlicher Anziehungskraft; ausgefallene Liebesbeziehungen, romantische Neigungen; oft frühe Eheschließung.
Vielfältige Äußerungen der Liebesgefühle von Sentimentalität bis hin zur Extravaganz; wählerisch in Liebe und Kunst.

Herausforderungsaspekte Opposition/Quadrat Venus/Uranus
Unbeständigkeit der Gefühle, Empfindlichkeit in Liebesdingen, Untreue bzw. ausschweifende Sexualität; Verdrängung oder Unterdrückung von Gefühlen und Wünschen, wodurch Enttäuschungen entstehen. Sinn für Musik, Tanz und Literatur.

Mars/Uranus: Ansporn und Überraschung

Kombination von Mars/Uranus allgemein
Plötzliche Energieausbrüche, Eigenwilligkeit, ungewöhnliche Leistungen.

Energieaspekt Konjunktion Mars/Uranus
Freiheitstrieb, Originalität(ssucht?), energische Suche nach der eigenen Identität; Trennung von männlichen Personen.

Förderungsaspekte Trigon/Sextil Mars/Uranus
Aktion und Intellekt verbinden sich günstig, Selbstwertgefühl und Anerkennung der Gleichheit aller Menschen, Reforminteresse.

Herausforderungsaspekte Opposition/Quadrat Mars/Uranus
Konflikte zwischen Individuum und Gruppe, zwischen Führungsanspruch und Fähigkeit zu folgen, zwischen Intensität und Unpersönlichkeit.

Jupiter/Uranus: Glück und Überraschung

Kombination von Jupiter/Uranus allgemein:
Glückliche »Zufälle«, plötzliche gewinnbringende oder sonstwie ertragreiche Ideen, überraschende Wendungen im Leben; Optimismus, Unabhängigkeit, Originalität, Fortschritt, allgemeiner Veränderungswille bzw. Drang zur Verbesserung.

Energieaspekt Konjunktion Jupiter/Uranus
Streben nach Wissen und Weisheit; eine gute Verbindung zwischen Entfaltungsdrang und Intuition; Ablehnung orthodoxer Überzeugungen oder traditioneller Werte, statt dessen freie und unabhängige neue Wertbestimmungen; manchmal missionarischer Eifer; Aufgeschlossenheit und intuitiv richtiges Erfassen neuer Situationen, organisatorischer Weitblick.

Förderungsaspekte Trigon/Sextil Jupiter/Uranus
Aufgeschlossenheit, ungewöhnliche Gelegenheiten und eine große, oft unverhoffte Unterstützung durch plötzliche glückhafte Umstände im Leben; man führt ein Leben voll immer neuer Ereignisse und ungewöhnlicher Begebenheiten.
Vom weltlich-materiellen Standpunkt ist dies meist ein sehr günstiger Aspekt.

Herausforderungsaspekte Opposition/Quadrat Jupiter/Uranus
Konflikte wollen gelöst werden, wenn folgende polare Neigungen des Menschen gleichberechtigt nach Verwirklichung drängen: Überzeugungen und praktische Erwägungen, Begeisterung und Vertretung von Theorien, schöpferische Kräfte, die nach Ausdruck suchen, und Unberechenbarkeit. Möglicherweise hat man das Gefühl, die besten Gelegenheiten oft zu verpassen. Starke Willenskraft und energischer Freiheitswille verführen bisweilen dazu, vorschnelle Entscheidungen

zu treffen oder voreilige Urteile zu fällen. Mit dieser Konstellation kann man indes für andere Menschen, die sich in kalte Dogmen verrannt haben oder in toten Traditionen steckengeblieben sind, eine große Hilfe sein, indem man ungewollt, durch das eigene ungewöhnliche »So-Sein«, ihre »Panzerungen« zerbricht. Allerdings gerät man dadurch unter Umständen in weltanschauliche Konflikte.

Eine Vorbemerkung zu den Aspekten zwischen Saturn und Uranus, Neptun und Pluto: hier geht es um »Langsamläufer«, deren Aspekte für ganze Jahrgänge gültig sind.

Saturn/Uranus: Tradition und Revolution

Kombination von Saturn/Uranus allgemein
Tradition und Veränderung, Ordnung und Chaos, Autorität und Autonomie sind wichtige Themen dieser Planetenverbindung.

Energieaspekt Konjunktion Saturn/Uranus
Kraftvolle Entschlossenheit und Ehrgeiz, aber eventuell auch Gefühlskälte und gesundheitliche Belastungen. Trennungen, Spannungen, Härte.

Förderungsaspekte Trigon/Sextil Saturn/Uranus
Erfolg auch in problematischen Lebensphasen, konzentrierter Einsatz für selbstlose Ziele.

Herausforderungsaspekte Opposition/Quadrat Saturn/Uranus
Konflikte zwischen Berechenbarkeit und Unberechenbarkeit, zwischen Aufbau und Zerstörung, Stabilität und Unsicherheit, Altem und Neuem, Tradition und Fortschritt etc. Exzentrik auf der privaten Ebene, schicksalsverändernde Eingriffe in das Leben auf der gesellschaftlichen.

Uranus/Uranus: Die Befreiung des »Ichs«

Kombination von Uranus/Uranus allgemein
Dieser Aspekt ergibt sich selbstverständlich nur im Vergleich zwischen zwei Horoskopen, zum Beispiel bei Partnerschaftshoroskopen oder Transitvergleichen.
Stichworte: Heftige Gefühlsausbrüche, plötzliche Schicksalswendung, unerwartete Begegnung, überraschende Trennung.

Energieaspekt Konjunktion Uranus/Uranus
Chance zum Durchbruch zu einem neuen Verständnis von wahrer Unabhängigkeit; unter Umständen auch gespanntes Energiepotential.

Förderungsaspekte Trigon/Sextil Uranus/Uranus
Verständnis für und Förderung von Freiheitsdrang und Eigenarten; wortloses, intuitives Verstehen.

Herausforderungsaspekte Opposition/Quadrat Uranus/Uranus
Spannungen durch entgegengesetzte oder stark voneinander abweichende Prozesse der Selbstentfaltung und Unabhängigkeit.

Uranus/Neptun: Unabhängigkeit und Verschmelzung

Kombination von Uranus/Neptun allgemein
Während ein Schlüsselwort zum Uranus »Lösung des Ichs« lautet, heißt das entsprechende Stichwort zum Neptun »Lösung vom Ich«. Wir haben es also mit zwei gegenläufigen Prinzipien zu tun. In ihrer Kombination führen sie bei weniger bewußt lebenden Menschen oft zu emotionaler und mentaler Unklarheit, bei bewußten Menschen können sie zur intuitiven und persönlichen Verwirklichung von hohen Idealen beitragen.

Energieaspekt Konjunktion Uranus/Neptun
Die betroffenen Jahrgänge werden sich vermutlich als »innerlich aufgewühlt« empfinden. Sie spüren den Drang zur befreiten und neuen Definition ihrer Persönlichkeit und ahnen zumindest gleichzeitig, daß das Leben sie auf überpersönliche Weise anspricht und »ruft«, das Ich in eine größere, spirituelle Einheit einfließen zu lassen.

Förderungsaspekte Trigon/Sextil Uranus/Neptun
Mitarbeit in einer Gemeinschaft und notwendiger Ausgleich im Alleinsein können gut miteinander verbunden werden. Wissen kann zu Weisheit werden, äußere Erregung zu innerer Stille. Eingebungen, Auslandskontakte und Fernreisen, Öffnung für Religion und Esoterik.

Herausforderungsaspekte Uranus/Neptun
Konflikte zwischen Logik und Intuition, persönlichen Wünschen und spirituellen Zielen, Auflehnung und Anpassung, Teilhabe und Opfer. Seelische Reizbarkeit, Illusionen, geschwächte Vitalität.

Uranus/Pluto: Plötzlicher Umbruch und grundlegende Transformation

Kombination von Uranus/Pluto allgemein
Selbstbewußtsein und Durchsetzungskraft, Sturz des Alten und Aufbau des Neuen, Individuum und Kollektiv. Persönliche Interpretationen sind vor allem dann möglich, wenn es sich um Uranus-Pluto-Aspekte an der AC-DC- oder MC-IC-Achse handelt oder im Aspekt zu Sonne, Mond, Merkur, Venus und Mars.

Energieaspekt Konjunktion Uranus/Pluto
Durchbruch in Wissenschaft und Medizin, Revolution in Heilweisen und metaphysischen Konzepten, soziale Revolution und – hoffentlich – Öffnung für höhere, spirituelle Werte, oder umfassende Vermassung und Industrialisierung der Menschen. Waghalsigkeit.

Förderungsaspekte Trigon/Sextil Uranus/Pluto
Widerstandskraft und Fähigkeit, auch schwierige Herausforderungen anzunehmen, schöpferische Selbstbehauptung, Gestaltungskraft; auch die positiven Merkmale, die bei der Konjunktion genannt wurden.

Herausforderungsaspekte Opposition/Quadrat Uranus/Pluto
Unbeherrschtheit, Ungeduld, Gewalttätigkeit, Umsturz, Unglücksfälle, Unfälle, Starrsinn, Zersplitterung; aber auch die positiven Merkmale, die bei der Konjunktion genannt wurden.

Uranus/Mondknoten: Freiheitswille und Schicksal

Kombination von Mondknoten/Uranus allgemein
Unerwartete Schicksalswendungen, neue karmische Aufgaben, intuitiver Fortschritt auf dem Lebensweg.

Energieaspekt Konjunktion des Uranus mit aufsteigendem Mondknoten
Plötzliche Veränderungen im Leben bringen Sie auf Ihrem Weg zur Selbstverwirklichung unerwartet und entscheidend weiter voran. Begegnungen und Trennungen »aus heiterem Himmel« laden Sie herzlichst (wenn auch für Sie meist unfreiwillig) dazu ein, genauer zu prüfen, welche Menschen Sie anziehen wollen und welche lieber nicht (mehr). Sie setzen sich intensiv und gern für Reformen und Ideale ein.

Energieaspekt Konjunktion des Uranus mit absteigendem Mondknoten
Altes Karma, von dem Sie glaubten, es längst los zu sein, macht sich immer wieder in neuen Formen bemerkbar und trifft Sie meist ziemlich unvorbereitet. So geraten Sie schnell außer Atem beim Versuch, alles doch noch irgendwie in den Griff zu bekommen. Wie wäre es, wenn Sie weniger Wert auf »Freiheit« und mehr Wert auf Beständigkeit legen sowie mögliche spätere Folgen heutiger Entscheidungen ruhiger bedenken würden?

Förderungsaspekte Trigone/Sextile des Uranus zur Mondknotenachse
Das Schicksal schiebt Ihnen hin und wieder ein Glückslos zu in Form einer unerwarteten positiven Wendung. Sie haben die Fähigkeit, sich auf Ihre intuitiven Kräfte einlassen zu können und ihnen zu vertrauen – und so auch unkonventionellen Ideen oder Methoden zum Durchbruch zu verhelfen. Weiter so!

Herausforderungsaspekte Quadrate des Uranus zur Mondknotenachse
Nein, Sie sind nicht der/die einzige auf der Welt, denen auf dem Weg zum Bahnhof oder zum Flughafen der Autoreifen platzt oder der Bus vor der Nase wegfährt, weil er ausnahmsweise zwei Minuten zu früh dran ist. Wollen Sie wirklich ein geruhsameres Leben führen, oder ziehen Sie nicht die derzeitige Hektik vor, weil Ihnen das Leben sonst langweilig oder fast wie tot vorkäme?

Uranus/AC-DC-Achse

Energieaspekt Konjunktion Uranus/AC
Originelle und eigenwillige Persönlichkeit, leicht erregbar, starker Freiheitswille, unabhängige und auch überhastete Entscheidungen; unter Umständen Kräftevergeudung.

Energieaspekt Konjunktion Uranus/DC
Überraschende Begegnungen mit Partnern, Trennung vom oder Tod des ersten (Ehe-)Partners; außergewöhnliche Partnerschaften; das Selbstbild ist schwankend und wird stark von Einflüssen durch Partner bestimmt.

Förderungsaspekte Trigon/Sextil Uranus/AC-DC (ein Sextil zu einem Ende der Achse ist gleichzeitig ein Trigon zum anderen Ende, und umgekehrt)
Schnelle Reaktionsfähigkeit hilft, aus unerwarteten Zwischenfällen oder sich unvermittelt bietenden Chancen das Beste zu machen. Nei-

gung zu Veränderungen, zum Wechsel, zur unabhängigen Gestaltung des Schicksals.

Herausforderungsaspekte Uranus/AC-DC (ein Quadrat zu einem Ende der Achse ist gleichzeitig ein Quadrat zum anderen Ende.)
Unbeständigkeit, plötzliche Ereignisse und aufregende Erlebnisse sorgen immer wieder für beträchtliche Unruhe; Vorsicht vor Unfällen, lieber einmal etwas vorsichtiger sein und weniger wagen bzw. kürzertreten; Unbeständigkeit.

Uranus/MC-IC-Achse

Energieaspekt Konjunktion Uranus/MC
Unerwartete Veränderungen im Berufsleben und im sozialen Stand; überraschende Begegnungen mit Menschen, die für das Fortkommen von Bedeutung sind; Reibereien mit beruflich wichtigen Persönlichkeiten, weil Eigenwille und Freiheitsdrang wichtiger genommen werden als mögliche Vorteile bei Geld und Prestige, wenn man sich mehr anpaßt; ungewöhnliche Ziele im Leben.

Energieaspekt Konjunktion Uranus/IC
Früher Abschied von Eltern und/oder Heimat; ständiger Wohnungs- und/oder Ortswechsel; gespanntes Verhältnis zu »Heimat« als festem Bezugspunkt; ungewöhnliche Einfühlung in Schichten des Unterbewußtseins und des Unbewußten.

Förderungsaspekte Trigon/Sextil Uranus/MC-IC
Durchsetzungskraft, angestrebte und geplante Veränderungen können erreicht werden, Originalität in Zielen und Handlungsweisen, energische Organisation.

Herausforderungsaspekte Opposition/Quadrat Uranus/MC-IC
Seelische Spannungen aufgrund plötzlicher Schicksalswendungen, Voreiligkeit, ungewollte Unzuverlässigkeit, überstürzte Entscheidungen und Handlungen.

Was steht im Horoskop bis zur Jahrtausendwende?
Ein Planetenkalender für 1994 bis 2000

In diesem Abschnitt finden Sie bildhafte Übersichten zum Lauf der Planeten während jedes Vierteljahres von 1994 bis 2000. Diese Grafiken sollen dazu dienen, daß Sie auf einen Blick erkennen können, wo sich die Planeten jeweils befinden und welche Aspekte zu erwarten sind zwischen den laufenden Planeten und Ihrer Sonne sowie zwischen allen laufenden Planeten selbst.

Die Übersichten sind folgendermaßen aufgebaut:

- In der Mitte steht, für welche Zeit die Grafik gilt.
- Im Ring stehen die Namen der Tierkreiszeichen. Sie finden Markierungen für jeweils 30 Grad.
- Vollmond und Neumond sind als Kreise notiert; der leere Kreisring steht für Vollmond, der vollschwarze Kreis für Neumond. Die Zahlen geben das Datum an.
- Innerhalb des Rings mit den Tierkreiszeichen finden Sie die Bahnen für Sonne, Merkur, Venus und Mars.
- Innerhalb, falls der Platz reicht, oder außerhalb, sind die Planetenstände von Jupiter und Saturn vermerkt sowie die beiden Mondknoten.
- Immer außerhalb des Rings mit den Tierkreiszeichen finden Sie Uranus, Neptun und Pluto.
- Wenn ein Pfeil »gegen« den Tierkreis zeigt, ist der Planet »rückläufig« (was manchen Astrologen entweder als innen-bezogen, vertieft oder gehemmt gilt). Die Mondknoten laufen bekanntlich immer »rückwärts«.
- Wenn kein Pfeil markiert ist, bleibt der betreffende Planet in diesem Zeitraum auf einer Stelle.
- Ende und Spitze der Pfeile geben die Planetenposition am ersten und am letzten Tag des jeweiligen Vierteljahres an.

Wir haben keine Gradzahlen in diese Grafiken eingetragen, damit sie so übersichtlich wie möglich bleiben. Sie können die Gradzahlen anhand der Markierungen selbst ablesen: der Anfang eines Tierkreiszeichens ist immer 0 Grad, das Ende 30 Grad.

Wichtige Aspekte der laufenden Planeten untereinander
Konjunktion (0 Grad), Opposition (180 Grad), Quadrat (90 Grad) und Trigon (120 Grad) gelten als die wichtigsten Aspekte. Bei Beteiligung von Jupiter, Saturn, Uranus, Neptun, Pluto und Mondknoten kann man das Sextil (60 Grad) noch dazurechnen.

Sie können anhand der 30-Grad-Markierungen innerhalb der zwölf Tierkreiszeichen die Aspekt-Abstände selbst ablesen.

Für alle Aspekte zwischen Geburtsplaneten und laufenden Planeten sowie für die Aspekte der laufenden Planeten untereinander trifft zu, daß sie ihre »Wirkung« nicht unbedingt an dem Tag entwickeln, an dem der Aspekt exakt wird, also genau die Gradzahl 0, 90, 120 etc. einnimmt, sondern auch früher und/oder später. Persönlich unterschiedlich kann sich ein Aspekt schon bei 5–10 Grad Abstand der Planeten bemerkbar machen oder erst bei 1–2 Grad.

Allgemein kann man sagen, daß

- Aspekte von Sonne, Mond, Merkur, Venus und Mars untereinander nur einen oder wenige Tage wirken;
- Aspekte von Sonne, Mond, Merkur, Venus und Mars zu Jupiter, Saturn, Uranus, Neptun, Pluto und den Mondknoten etwa eine Woche wirken;
- Aspekte von Jupiter, Saturn, Uranus, Neptun, Pluto und den Mondknoten untereinander etliche Wochen wirken können. Diese Aspekte bilden sich selten, da diese »Langsamläufer« seltener über die Aspektpunkte laufen.

Siehe auch das Kapitel über Aspekte ab Seite 54.

Zu wichtigen Aspekten biete ich Ihnen einige ausgewählte Deutungsmöglichkeiten an. Das heißt selbstverständlich NICHT, daß dies die einzigen oder gar die einzig richtigen wären. Vielleicht macht es Ihnen Spaß, daß Sie selbst jeweils ein Quartal im voraus überlegen, was die jeweiligen Uranusaspekte bringen könnten. Am besten notieren Sie sich das in Stichworten, ruhig in das Buch hinein, und vergleichen Sie dann am Ende des Quartals, ob Ihre eigene Vorausschau vielleicht treffender war als die von mir angebotenen Überlegungen.

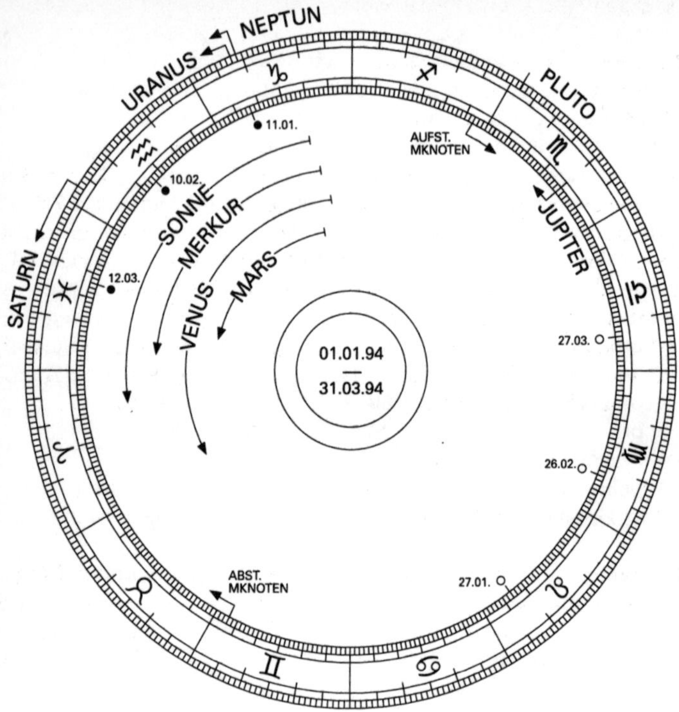

1.1.1994 – 31.3.1994

Sonne	11 Grad Steinbock	Jupiter	10 Grad Skorpion
Mondknoten	3 Grad Schütze	Saturn	27 Grad Wassermann
Merkur	9 Grad Steinbock	Uranus	22 Grad Steinbock
Venus	7 Grad Steinbock	Neptun	21 Grad Steinbock
Mars	10 Grad Steinbock	Pluto	28 Grad Skorpion

Wichtige Uranus-Aspekte I/1994

12.1. Sonne Konjunktion Uranus
13.1. Venus Konjunktion Uranus
18.1. Mars Konjunktion Uranus

Energieballungen im Steinbock, Neptun ist ebenfalls in Konjunktion mit oben genannten Konjunktionen. Im gesellschaftlichen Bereich werden sich die Auseinandersetzungen um den richtigen Kurs weltweit verschärfen. Falschen Hoffnungen und kollektiven Illusionen stehen energisch vorgebrachte Ansprüche auf individuelle Freiheit und Selbstverwirklichung gegenüber.
Im Privatleben unerwartete Begegnungen, die neuen Enthusiasmus und intensive Lebensfreude verheißen; ein Element der Verklärung (oder Täuschung?) ist allerdings auch nicht zu übersehen.

4.3. Venus Sextil Uranus
16.3. Sonne Sextil Uranus
29.3. Venus Quadrat Uranus

Manche erfreuliche Überraschung bis zur Monatsmitte. Am Monatsende liegt in Beziehungen Streit in der Luft um die persönliche Unabhängigkeit.

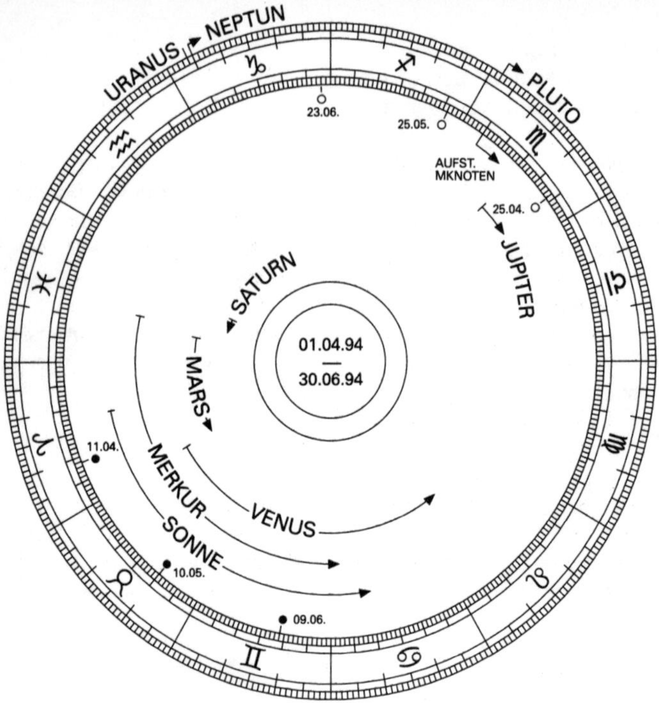

1.4.1994 – 30.6.1994			
Sonne	12 Grad Widder	Jupiter R	14 Grad Skorpion
Mondknoten	25 Grad Skorpion	Saturn	8 Grad Fische
Merkur	17 Grad Fische	Uranus	26 Grad Steinbock
Venus	30 Grad Widder	Neptun	24 Grad Steinbock
Mars	20 Grad Fische	Pluto R	28 Grad Skorpion

30.4. Uranus R 27 Grad Steinbock

R = rückläufig; D = direktläufig

Wichtige Uranusaspekte II/1994

7.4. Merkur Sextil Uranus
9.4. Mars Sextil Uranus
16.4. Sonne Quadrat Uranus
23.4. Venus Trigon Uranus
23.4. Merkur Quadrat Uranus

Am Monatsanfang manch gute Gelegenheiten, um zu finanziellem Erfolg zu kommen oder Pläne mit neuem Schwung durchzusetzen. In der Monatsmitte Einschränkung der Bewegungsfreiheit oder Kritik. Zum Monatsende hin verheißen die Sterne angenehme Überraschungen in der Liebe; Vorsicht aber bei geschäftlichen Vorhaben, wo mit plötzlichen Rückschlägen zu rechnen ist.

8.5. Merkur Trigon Uranus
18.5. Mars Quadrat Uranus

Um den 8. Mai läßt sich beruflich oder kommerziell wieder vieles gutmachen. Das Marsquadrat bringt voraussichtlich eine unerwartete Bremse für die Tatkraft oder heftige Gefühlsausbrüche bzw. gesellschaftliche Gewaltakte.

11.6. Venus Opposition Uranus
27.6. Mars Trigon Uranus

Die Venus-Uranus-Opposition weist auf Gegensätze und eine deutliche Aussprache über den Freiraum in Partnerschaften (aller Art!) hin. Das Mars-Trigon bringt neuen Schwung für eigenwillige Absichten.

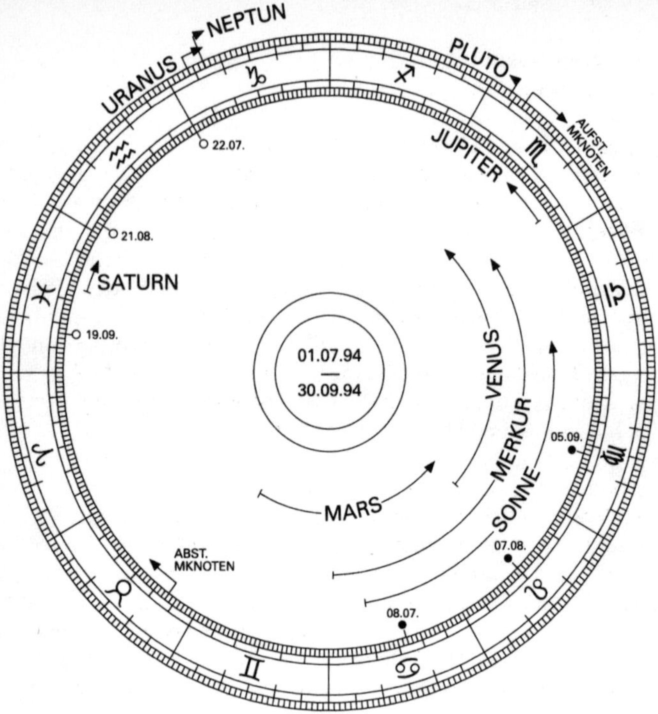

1.7.1994 – 30.9.1994

Sonne	9 Grad Krebs	Jupiter R	5 Grad Skorpion
Mondknoten	23 Grad Skorpion	Saturn R	12 Grad Fische
Merkur R	1 Grad Krebs	Uranus R	26 Grad Steinbock
Venus	19 Grad Löwe	Neptun R	23 Grad Steinbock
Mars	28 Grad Stier	Pluto R	26 Grad Skorpion

Wichtige Uranusaspekte III/1994

17.7. Sonne Opposition Uranus
31.7. Merkur Opposition Uranus

Der Juli bringt in der zweiten Hälfte eher unliebsame Überraschungen; ich rate davon ab, wichtige Entscheidungen über Geld oder Besitz jetzt zu treffen, völlig neue Vorhaben zu planen oder Verträge zu unterschreiben.

1.8. Venus Trigon Uranus
30.8. Venus Quadrat Uranus

Bewegte Beziehungen, das Trigon lächelt freundlicher als das Quadrat. Vergessen Sie aber bitte nicht, daß die Venus als »Schnelläuferin« mehrere solcher Aspekte bildet.

15.9. Sonne Trigon Uranus
20.9. Merkur Quadrat Uranus
21.9. Mars Opposition Uranus

Im dritten Monatsdrittel müssen wir uns auf heftige Reaktionen der Öffentlichkeit und/oder der öffentlichen Meinung auf neue Ideen und Ideale einstellen. Es ist auch wieder mit einem Ausbruch von Gewalt zu rechnen, der wirtschaftlich ungünstige Nebenwirkungen hat.

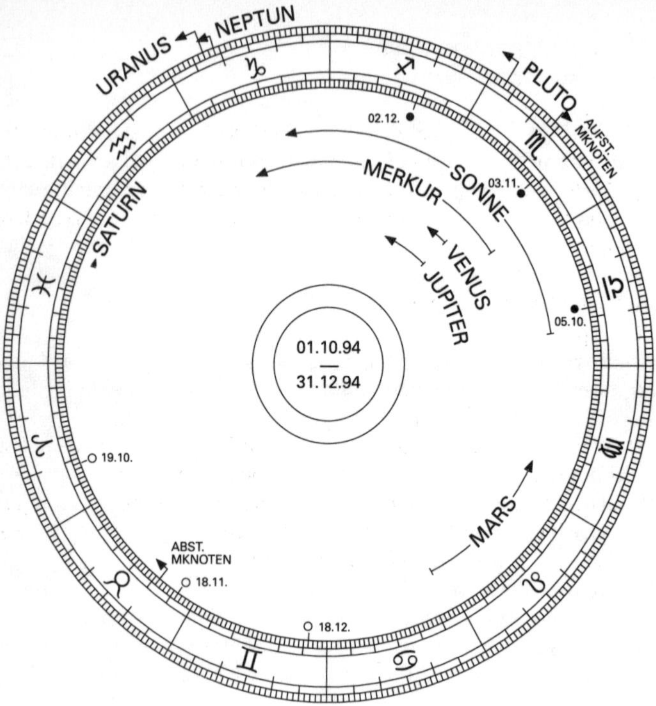

1.10.1994 – 31.12.1994

Sonne	8 Grad Waage	Jupiter	16 Grad Skorpion
Mondknoten	16 Grad Skorpion	Saturn R	7 Grad Fische
Merkur	4 Grad Skorpion	Uranus R	23 Grad Steinbock
Venus	16 Grad Skorpion	Neptun R	21 Grad Steinbock
Mars	28 Grad Krebs	Pluto	27 Grad Skorpion

2.10. Uranus D 23 Grad Steinbock

D = direktläufig, R = rückläufig

Wichtige Uranusaspekte IV/1994

16.10. Sonne Quadrat Uranus
25.10. Merkur Quadrat Uranus

Mitte des Monats sollte man sich vor unüberlegten Reaktionen besonders in acht nehmen, weil die Folgen nur auf einen selbst zurückschlagen würden. Das Merkurquadrat mahnt wieder zur Vorsicht in wichtigen Wirtschaftsangelegenheiten und warnt vor überraschenden Verlusten.

4.11. Merkur Quadrat Uranus
7.11. Jupiter Sextil Uranus
15.11. Sonne Sextil Uranus
26.11. Merkur Sextil Uranus

Im November sticht das Jupitersextil zum Uranus hervor, ein Aspekt, der sich nicht so häufig einstellt. Ab Monatsanfang, gleich nach dem Merkurquadrat, dürfen wir auf originelle geistige Impulse, unerwartete Glücksfälle, auf neue Geltung von Recht und Ordnung und sogar einen Durchbruch für die Humanität hoffen.

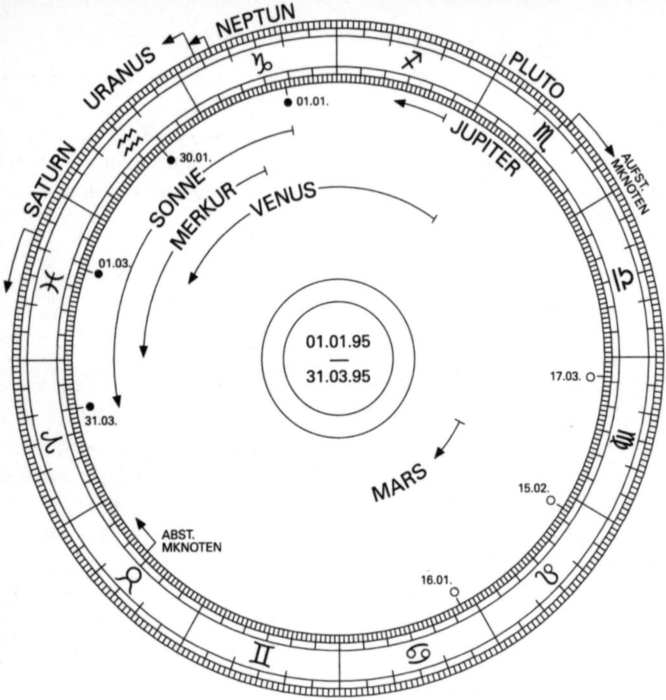

1.1.1995 – 31.3.1995

Sonne	11 Grad Steinbock	Jupiter	5 Grad Schütze
Mondknoten	14 Grad Skorpion	Saturn	8 Grad Fische
Merkur	21 Grad Steinbock	Uranus	26 Grad Steinbock
Venus	24 Grad Skorpion	Neptun	23 Grad Steinbock
Mars	3 Grad Jungfrau	Pluto	30 Grad Skorpion

Wichtige Uranusaspekte I/1995

2.1. Venus Sextil Uranus
4.1. Merkur Konjunktion Uranus

Vor allem zum Monatsanfang ergeben sich plötzliche gute Chancen, um in Partnerschaften und Gelddingen voranzukommen und eine neue Initiative zu ergreifen.

1.3. Venus Konjunktion Uranus
20.3. Sonne Sextil Uranus

Der März bringt erneut freundliche und förderliche Uranusimpulse, die auch im künstlerischen Bereich zu nutzen wären.

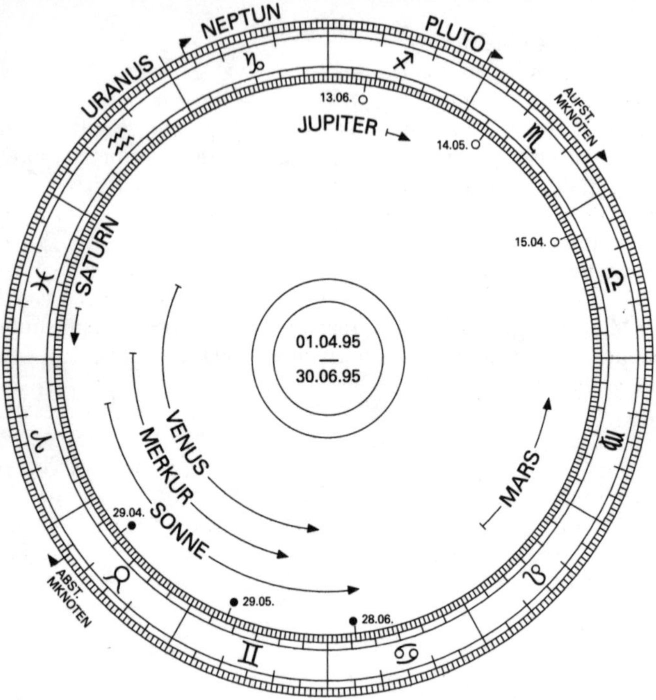

1.4.1995 – 30.6.1995

Sonne	11 Grad Widder	Jupiter R	16 Grad Schütze
Mondknoten	6 Grad Skorpion	Saturn	19 Grad Fische
Merkur	28 Grad Fische	Uranus	30 Grad Steinbock
Venus	5 Grad Fische	Neptun	26 Grad Steinbock
Mars	14 Grad Löwe	Pluto R	1 Grad Schütze

5.5. Uranus R 1 Grad Wassermann

R = rückläufig, D = direktläufig

Wichtige Uranusaspekte II/1995

2.4. Merkur Sextil Uranus
11.4. Uranus Sextil Pluto
20.4. Sonne Quadrat Uranus
22.4. Venus Sextil Uranus

In diesem Monat ist das Sextil des Uranus im Wassermann zum Pluto im Schützen besonders zu beachten. Es ergibt sich nur zweimal in rund 84 Jahren und in diesen beiden Zeichen noch viel seltener. In einer positiven Deutung kann man von einem unerwarteten schöpferischen und geistigen Durchbruch in bezug auf gesellschaftliche Ziele und Ideale sprechen. Die Kollektivkräfte des Pluto erfahren im Schützen potentiell eine spirituelle Ausrichtung – vielleicht kommt es gar zu einem massenhaften Bewußtseins-Quantensprung? – und die Uranusenergien im Wassermann kennzeichnen die endgültige Überwindung von erstarrten Dogmen und Traditionen sowie den nicht mehr umkehrbaren Aufbruch des Menschen in eine neue Bewußtheit und zu einer neuen Identität.
Das Uranus/Pluto-Thema wirkt einige Zeit und führt sicherlich dazu, daß man sich auch im persönlichen Rahmen energisch herausgefordert fühlt, Selbstbild und Weltbild zu überprüfen.

17.5. Venus Quadrat Uranus
21.5. Sonne Trigon Uranus
10.6. Venus Trigon Uranus

Die Uranusaspekte im Mai und Juni werden übrlagert vom zuvor behandelten wichtigen Uranussextil zum Pluto.

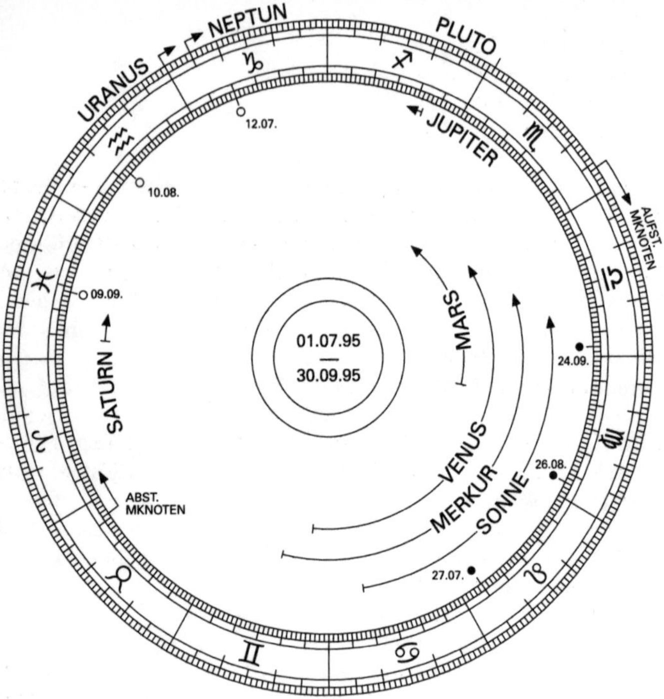

1.7.1995 – 30.9.1995

Sonne	9 Grad Krebs	Jupiter R	8 Grad Schütze
Mondknoten	4 Grad Skorpion	Saturn	25 Grad Fische
Merkur R	17 Grad Zwillinge	Uranus R	30 Grad Steinbock
Venus	25 Grad Zwillinge	Neptun R	25 Grad Steinbock
Mars	19 Grad Jungfrau	Pluto R	29 Grad Skorpion

Wichtige Uranusaspekte III/1995

19.7. Mars Trigon Uranus
21.7. Sonne Opposition Uranus
25.7. Merkur Opposition Uranus
28.7. Venus Opposition Uranus

Ende Juli machen uns die Oppositionen der Schnelläufer Sonne, Merkur und Venus vorübergehend zu schaffen. Das Nervenkostüm wird strapaziert, man ist schnell aufgeregt und sollte deshalb darauf achten, seine Zunge zu hüten und keine überhasteten Aktionen zu unternehmen.

7.8. Uranus Sextil Pluto
27.8. Merkur Trigon Uranus

Was im II. Quartal über das Uranus-Pluto-Sextil steht, gilt auch jetzt wieder. Zu dieser Aspektwiederholung kommt es, weil der Uranus zeitweise rückläufig ist.

2.9. Mars Quadrat Uranus
13.9. Venus Trigon Uranus
20.9. Sonne Trigon Uranus

Das Marsquadrat Anfang September bringt Unbeherrschtheiten und eine Tendenz zur Gewaltsamkeit mit sich. Ab Mitte September ergeben sich unerwartete kleinere Glücksfälle und Begegnungen.

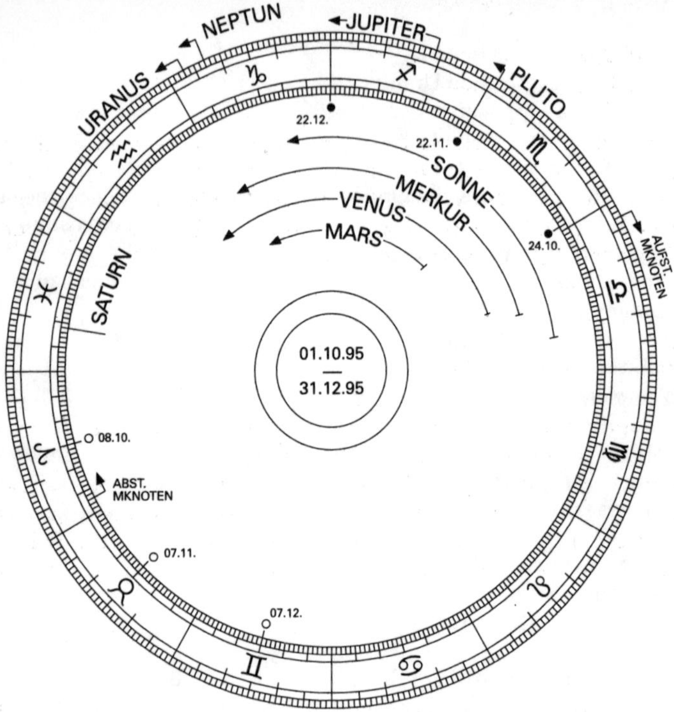

1.10.1995 – 31.12.1995

Sonne	8 Grad Waage	Jupiter	11 Grad Schütze
Mondknoten	27 Grad Waage	Saturn R	21 Grad Fische
Merkur R	16 Grad Waage	Uranus R	27 Grad Steinbock
Venus	19 Grad Waage	Neptun R	23 Grad Steinbock
Mars	17 Grad Skorpion	Pluto	29 Grad Skorpion

6.10. Uranus D 27 Grad Steinbock

D= direktläufig, R = rückläufig

Wichtige Uranusaspekte IV/1995

7.10. Venus Quadrat Uranus
16.10. Mars Sextil Uranus

Aufregung in Partnerschaften, eigenartige Wendungen in Beziehungen und kleine Skandale in der Kunstwelt – das können wir um den 7. Oktober erwarten. Das Marssextil Mitte des Monats unterstützt Erfinder, Sportler und Angehörige von Heilberufen darin, neue Wege und Methoden erfolgreich auszuprobieren.

2.11. Merkur Quadrat Uranus
20.11. Sonne Sextil Uranus
21.11. Merkur Sextil Uranus

Anfang November Vorsicht bei Geschäften, die weniger von realen Werten als von psychologischen Stimmungen abhängig sind, also Börsentransaktionen, Kunstkäufe und ähnliches mehr. Es kommt zu abrupten Umschwüngen und Unruhe am Markt. Im dritten Monatsdrittel sieht das Leben wieder freundlicher aus, persönliche Ziele sind klarer und die allgemeine Wirtschaftstätigkeit erlebt einen Aufschwung.

20.12. Venus Konjunktion Uranus

Interessante Begegnungen und/oder völlig überraschende Einsichten über Liebe und Partnerschaft – vermutlich vor allem mit einem deutlichen Bezug zur »nüchternen Realität«.

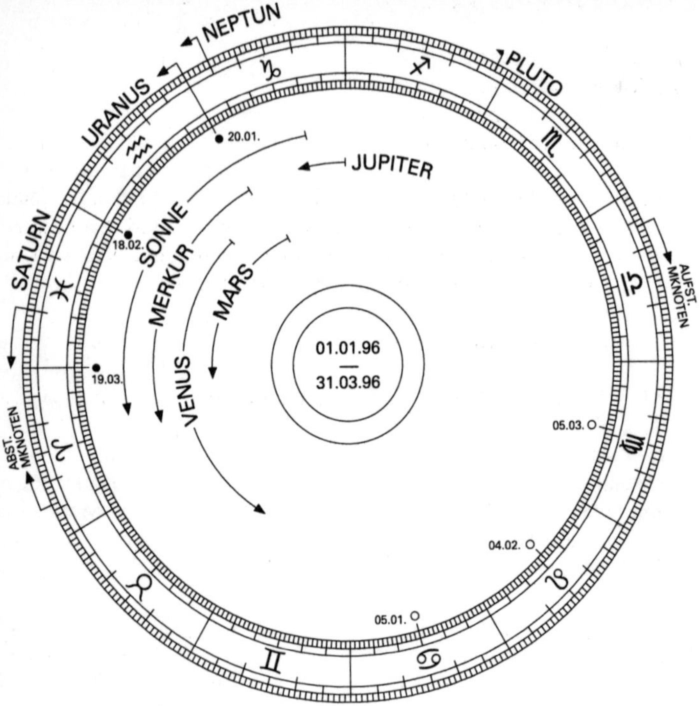

1.1.1996 – 31.3.1996

Sonne	10 Grad Steinbock	Jupiter	30 Grad Schütze
Mondknoten	24 Grad Waage	Saturn	20 Grad Fische
Merkur	29 Grad Steinbock	Uranus	30 Grad Steinbock
Venus	13 Grad Wassermann	Neptun	25 Grad Steinbock
Mars	25 Grad Steinbock	Pluto	2 Grad Schütze

Wichtige Uranusaspekte I/1996

1.1. Merkur Konjunktion Uranus
8.1. Mars Konjunktion Uranus
17.1. Merkur Konjunktion Uranus
21.1. Sonne Konjunktion Uranus

Konjunktionen bedeuten Energieballungen. Vitalität, Selbstbehauptung, Pioniergeist, männliche Libido, der Verstand und das Bedürfnis zum Austausch sowie kommerzielle Angelegenheiten werden durch die Uranuskräfte auf ungewohnte Art stimuliert.

10.2. Venus Sextil Uranus

Zeit für das Ungewöhnliche in der Liebe und in Partnerschaften sowie in der Kunst.

8.3. Venus Quadrat Uranus
9.3. Uranus Sextil Pluto
24.3. Sonne Sextil Uranus
26.3. Merkur Sextil Uranus
29.3. Mars Sextil Uranus

Das wichtige Uranussextil zum Pluto, auf das ich schon im II. Quartal 1995 eingegangen bin, wird erneut aktiviert. Bis auf den kleinen »Störfaktor« des Venusquadrats ist das Umfeld der anderen Uranusaspekte durch die Häufung von Sextilen ausgesprochen günstig. Wir können von einer aufgeschlossenen Stimmung in der Gesellschaft für Neuerungen und Reformen ausgehen. Wirtschaft und Technik erhalten ungewohnte Impulse. Auf unerwartete Weise kommt es zu einem humanitären Durchbruch; die Wertefrage drängt stärker ins öffentliche Bewußtsein.

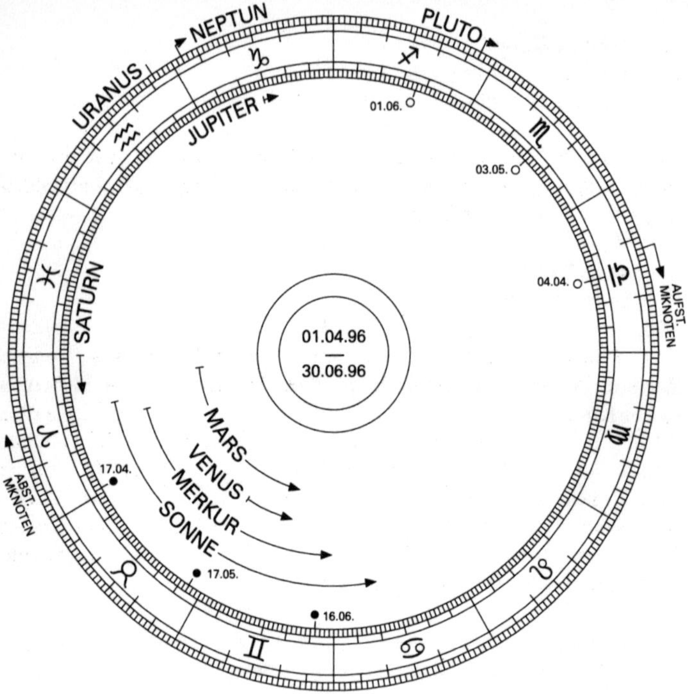

1.4.1996 – 30.6.1996

Sonne	12 Grad Widder	Jupiter	16 Grad Steinbock
Mondknoten	18 Grad Waage	Saturn	30 Grad Fische
Merkur	16 Grad Widder	Uranus	4 Grad Wassermann
Venus	28 Grad Stier	Neptun	28 Grad Steinbock
Mars	6 Grad Widder	Pluto R	3 Grad Schütze

8.5. Uranus R 5 Grad Wassermann

Wichtige Uranusaspekte II/1996

8.4. Venus Trigon Uranus
10.4. Merkur Quadrat Uranus
24.4. Sonne Quadrat Uranus

Das Venustrigon sorgt für eine Gelegenheit, mit neuen Herausforderungen harmonisch umzugehen. Ab dem zweiten Monatsdrittel herrschen Unruhe und Unfrieden vor.

8.5. Mars Quadrat Uranus
19.5. Saturn Sextil Uranus

Das Marsquadrat ereignet sich gerade, wenn der Uranus wieder einmal rückläufig wird. Die beiden Quadrate im Vormonat haben keine besonders friedliche Lage bezeichnet. Ich rechne mit einer deutlichen Zunahme an Unglücksfällen im Zusammenhang mit Elektrizität und (Flug-?)Technik und Gewaltakten sowie Explosionen. Der Saturn im Widder kommt ins Sextil zum Uranus im Wassermann. Heißt das, daß die Vertreter der alten Ordnung es mit viel Energie noch einmal schaffen, einen notwendigen Umbruch oder gar Umsturz zu verhindern und die Kräfte in konstruktive Bahnen zu lenken?

17.6. Merkur Trigon Uranus
18.6. Mars Trigon Uranus

Der Monat Juni bringt uns entspannte Uranusaspekte zu Merkur und Mars – Wirtschaft und Kommunikation, Handel und Massenmedien dürften von neuartigen und originellen Vorschlägen, Entwicklungen und Programmen profitieren.

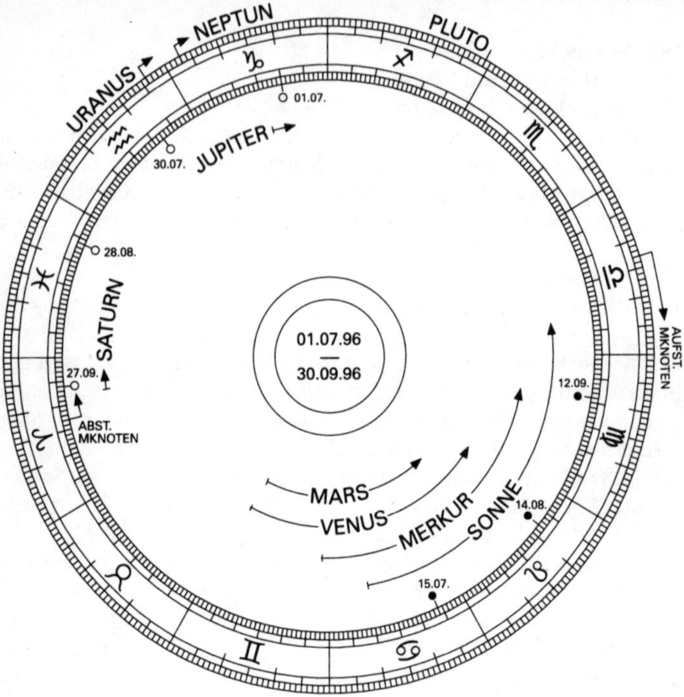

1.7.1996 – 30.9.1996

Sonne	10 Grad Krebs	Jupiter R	14 Grad Steinbock
Mondknoten	13 Grad Waage	Saturn	8 Grad Widder
Merkur	28 Grad Zwillinge	Uranus R	4 Grad Wassermann
Venus R	12 Grad Zwillinge	Neptun R	27 Grad Steinbock
Mars	13 Grad Zwillinge	Pluto R	1 Grad Schütze

Wichtige Uranusaspekte III/1996

17.7. Merkur Opposition Uranus
25.7. Sonne Opposition Uranus

Wie aus heiterem Himmel werden Grundlagen des Denken und der Kommunikation sowie der Wirtschaft und des Handels in Frage gestellt. Es geht darum, ob das Individuum seine persönliche Freiheit unter den gegebenen Umständen behält und erweitert oder darin begrenzt wird bzw. sie gar aufgeben muß.

28.8. Merkur Trigon Uranus

Verbesserte Kommunikation bügelt Schwierigkeiten wieder einigermaßen aus.

8.9. Venus Opposition Uranus
11.9. Merkur Trigon Uranus
11.9. Mars Opposition Uranus
20.9. Uranus Sextil Pluto
23.9. Sonne Trigon Uranus

Zum vierten Mal erleben wir das Uranussextil zum Pluto: das mahnt uns, die Uranus-Pluto-Lektion auf schöpferische Weise zu lernen und zu integrieren. Themen sind Vertrauen, geheime Vorgänge, Öffentlichkeit, Machtausübung (durch die Masse, durch ihre Herrscher oder durch Individuen), Zusammenarbeit und Teilhabe.
Die »Zutaten« in diesem September sind zwei Oppositionen und zwei Trigone. Wir werden diese Zeit also als recht »durchwachsen« erleben mit Beschränkungen des Spielraums in persönlichen Beziehungen, aber neuen Chancen im Berufsleben.

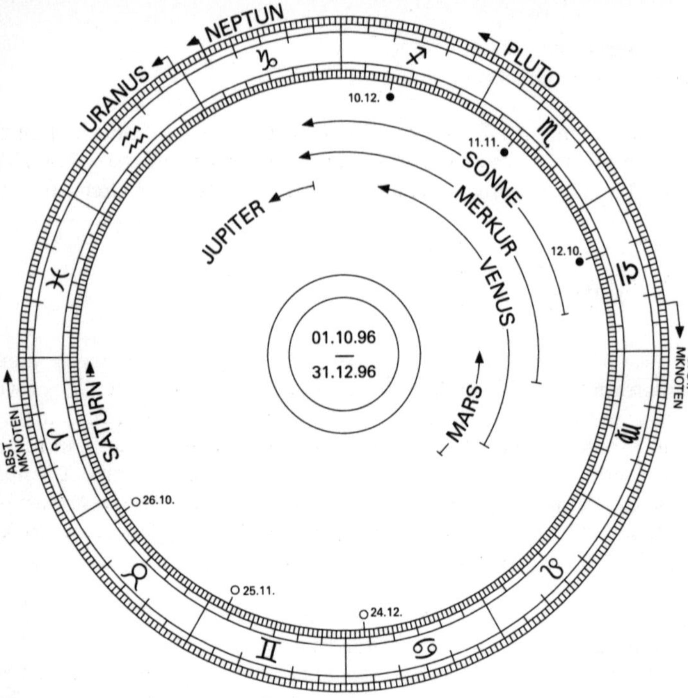

1.10.1996 – 31.12.1996

Sonne	9 Grad Waage	Jupiter	9 Grad Steinbock
Mondknoten	8 Grad Waage	Saturn R	4 Grad Widder
Merkur	21 Grad Jungfrau	Uranus R	1 Grad Wassermann
Venus	27 Grad Löwe	Neptun R	25 Grad Steinbock
Mars	14 Grad Löwe	Pluto	2 Grad Schütze

10.10. Uranus D 1 Grad Wassermann

Wichtige Aspekte IV/1996

9.10. Merkur Trigon Uranus
23.10. Sonne Quadrat Uranus

Das erste Drittel des Monats ist gut für Kunsthandel und Massenmedien; das letzte Drittel bringt reichlich unerwartete persönliche Kritik und Angriffe sowie Zweifel an Reformen und neuen Zielen.

10.11. Saturn Sextil Uranus
15.11. Merkur Sextil Uranus
23.11. Sonne Sextil Uranus
24.11. Venus Quadrat Uranus

Das Saturnsextil im November wiederholt das Thema des II. Quartals von diesem Jahr. Bitte lesen Sie auch dort noch einmal nach. Es geht um Fragen individueller Autonomie und traditioneller Lebensstile, um das Erleben von Einzigartigkeit und der Einpassung in eine Disziplin. Auch das Problem von Gerechtigkeit spielt eine Rolle. Immerhin bestehen jetzt gute Aussichten auf einen überraschenden Entwicklungs- und Bewußtseinssprung in diesen Bereichen.

19.12. Venus Sextil Uranus

»Liebe und Freiheit« könnte das Motto dieses Aspekts lauten. Ein Sextil verspricht gemeinhin eine harmonische Weise, mit den jeweiligen Kräften umzugehen.

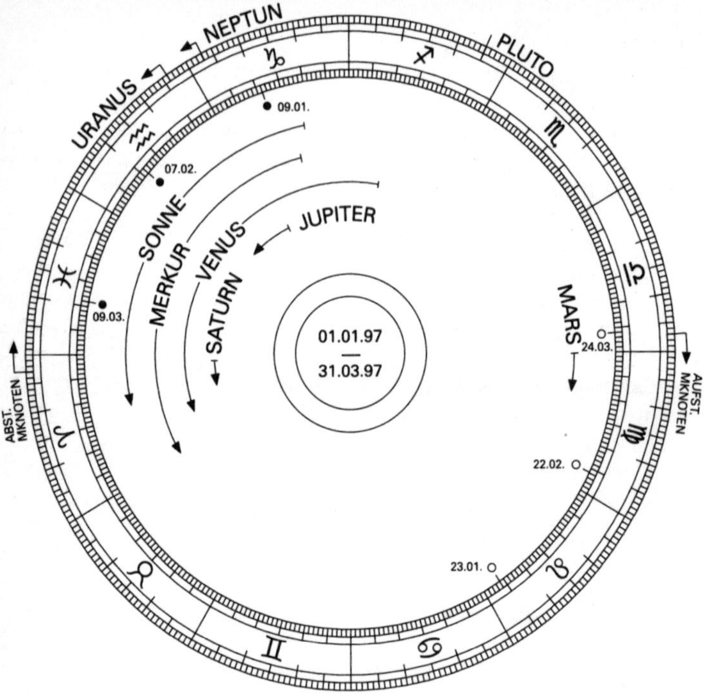

1.1.1997 – 31.3.1997

Sonne	11 Grad Steinbock	Jupiter	26 Grad Steinbock
Mondknoten	3 Grad Waage	Saturn	2 Grad Widder
Merkur R	14 Grad Steinbock	Uranus	4 Grad Wassermann
Venus	19 Grad Schütze	Neptun	27 Grad Steinbock
Mars	30 Grad Jungfrau	Pluto	5 Grad Schütze

Wichtige Uranusaspekte I/1997

20.1. Mars Trigon Uranus
24.1. Sonne Konjunktion Uranus

Der Januar wird bereits von den sehr fördernden Aspekten des Februars »bestrahlt«.

5.2. Uranus Sextil Pluto
7.2. Venus Konjunktion Uranus
12.2. Mars Trigon Uranus
13.2. Merkur Konjunktion Uranus
16.2. Jupiter Konjunktion Uranus

Zum fünften und letzten Mal erleben wir das Uranussextil zum Pluto: wenn wir unsere Lektion jetzt unter den angenehmen Bedingungen eines Sextils nicht gelernt haben, dann wird uns das Schicksal mit größeren und »unverdaulicheren Brocken« konfrontieren. Die Jupiterkonjunktion mit dem Uranus, die sich nur etwa alle zwölf Jahre einstellt, ist höchst glücksverheißend! Es scheint, als ob wir Erdenbürger noch einige »letzte Chancen« erhalten, tatsächlich konstruktive Schritte in ein »Wassermannzeitalter« hinein zu machen – bevor uns einige Jahre später kurz vor der Jahrtausendwende die Prüfungen bevorstehen, ob wir die richtigen Schritte unternommen haben. Der ganze Februar und auch noch der März mit seinem erneuten Saturnsextil gibt einen fruchtbaren Nährboden ab, um Spiritualität, humanitäre Gesellschaftsformen, soziale Industriemethoden und andere Ideale endlich zur weltweiten Wirklichkeit werden zu lassen. Wir können, wenn wir wollen, neuen gerechten, bewußten und menschlichen Lebensweisen zum Durchbruch verhelfen. Inspiration und Enthusiasmus, Kraft und Konzentration sind in Fülle vorhanden.

1.3. Saturn Sextil Uranus
19.3. Merkur Sextil Uranus
28.3. Sonne Sextil Uranus
29.3. Venus Sextil Uranus

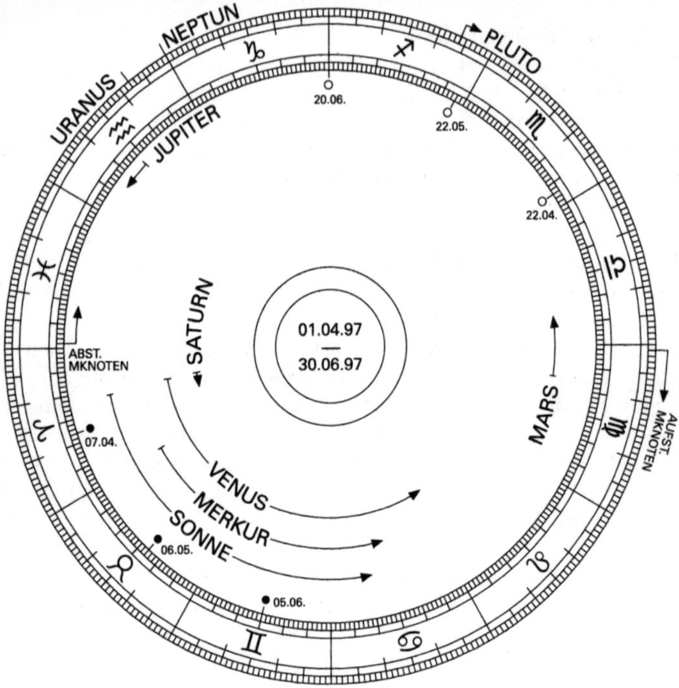

1.4.1997 – 30.6.1997

Sonne	12 Grad Widder	Jupiter	16 Grad Wassermann
Mondknoten	29 Grad Jungfrau	Saturn	11 Grad Widder
Merkur	30 Grad Widder	Uranus	8 Grad Wassermann
Venus	11 Grad Widder	Neptun	30 Grad Steinbock
Mars R	22 Grad Jungfrau	Pluto R	6 Grad Schütze

13.5. Uranus R 9 Grad Wassermann

Wichtige Uranusaspekte II/1997

9.4. Merkur Quadrat Uranus
20.4. Merkur Quadrat Uranus
28.4. Sonne Quadrat Uranus

Kleinere Irritationen, Mißverständnisse und Rückschläge in der Kommunikation, im Verkehr und im Handel.

17.5. Venus Trigon Uranus
24.5. Merkur Quadrat Uranus
29.5. Sonne Trigon Uranus

In der Monatsmitte erfreuliche Übrraschungen in persönlichen und/oder beruflichen Partnerschaften. Danach Vorsicht bei Verträgen, solange das Merkurquadrat wirkt. Es kann zu unerwarteten Auflösungen von Vereinbarungen kommen. Zum Ende des Monats hin sind überraschende intuitive Erkenntisse möglich, zum Beispiel in der Meditation.

13.6. Merkur Trigon Uranus

Allgemein eine freundlichere Tendenz in Wirtschaft und Massenmedien. Insgesamt ist dieses II. Quartal 1997 weniger ereignisreich als das I.

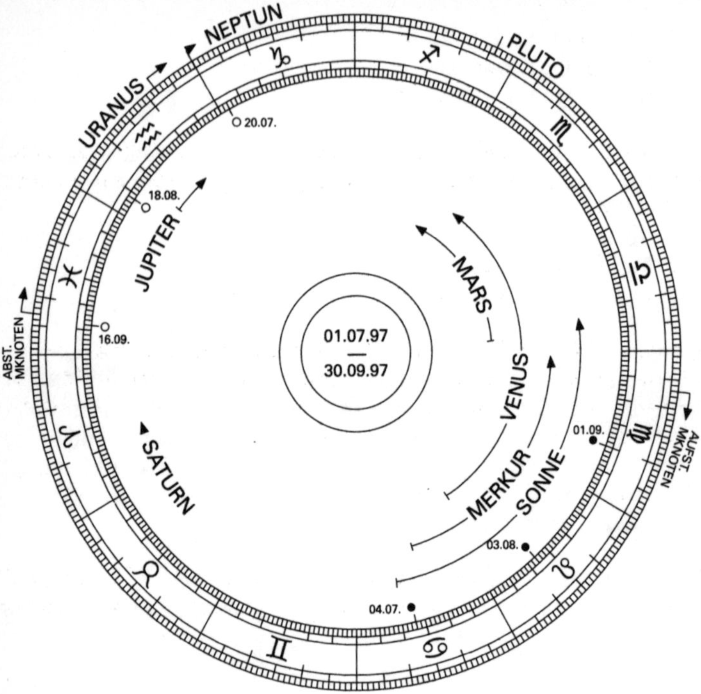

1.7.1997 – 30.9.1997

Sonne	10 Grad Krebs	Jupiter R	22 Grad Wassermann
Mondknoten	23 Grad Jungfrau	Saturn	20 Grad Widder
Merkur	16 Grad Krebs	Uranus R	8 Grad Wassermann
Venus	3 Grad Löwe	Neptun R	30 Grad Steinbock
Mars	6 Grad Waage	Pluto R	4 Grad Schütze

Wichtige Uranusaspekte III/1997

5.7. Venus Opposition Uranus
5.7. Mars Trigon Uranus
12.7. Merkur Opposition Uranus

Gefühlsausbrüche über gegensätzliche Ansichten, aber auch schöpferische Kraft, um neue Ideen zu verfolgen und innovative Pläne zu verwirklichen.

22.8. Venus Trigon Uranus
23.8. Mars Quadrat Uranus

Auf dem Gebiet der Justiz und Rechtsprechung gibt es sinnvolle neue Überlegungen und Entscheidungen, die allerdings durch Rechthaberei und eigennützige Vormachtansprüche oder sogar durch eine Welle der Gewalt wieder in Frage gestellt werden.

16.9. Venus Quadrat Uranus
27.9. Sonne Trigon Uranus

Mitte September plötzliche Verstimmungen in der Gefühlswelt; in der Woche danach »wie aus dem Nichts« wieder Lebensmut und Zuversicht.

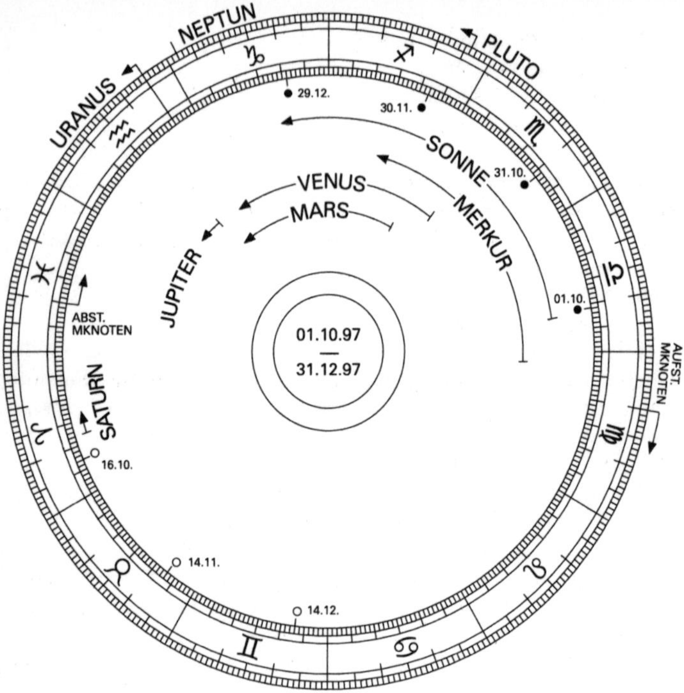

1.10.1997 – 31.12.1997

Sonne	8 Grad Waage	Jupiter R	13 Grad Wassermann
Mondknoten	20 Grad Jungfrau	Saturn R	18 Grad Widder
Merkur	28 Grad Jungfrau	Uranus R	5 Grad Wassermann
Venus	22 Grad Skorpion	Neptun R	28 Grad Steinbock
Mars	2 Grad Schütze	Pluto	4 Grad Schütze

14.10. Uranus D 5 Grad Wassermann

Wichtige Uranusaspekte IV/1997

4.10. Merkur Trigon Uranus
5.10. Mars Sextil Uranus
12.10. Venus Sextil Uranus
28.10. Sonne Quadrat Uranus

Eine Reihe »leichter« Uranusaspekte, bis auf das Sonnenquadrat, verspricht einen harmonischen Oktober. Handel und Wandel, Gesellschaft und Privatleben fließen ohne große Aufregungen so dahin.

11.11. Merkur Sextil Uranus
27.11. Sonne Sextil Uranus

Der November bringt noch einmal schöpferische Impulse für originelle Pläne und unabhängige Persönlichkeitsentfaltung.

27.12. Mars Konjunktion Uranus

Plötzliche Energie, die sich vielleicht schon lange aufgestaut hat, bricht sich jetzt Bahn. Eine gute Zeit für weit in die Zukunft zielende Absichten, technische Vorhaben und Friedensgespräche. Unter schlechten sonstigen Voraussetzungen allerdings auch hier wieder wie bei allen Spannungsaspekten zwischen Mars und Uranus die Gefahr von überraschenden Katastrophen oder Gewaltakten, die Schlagzeilen machen.

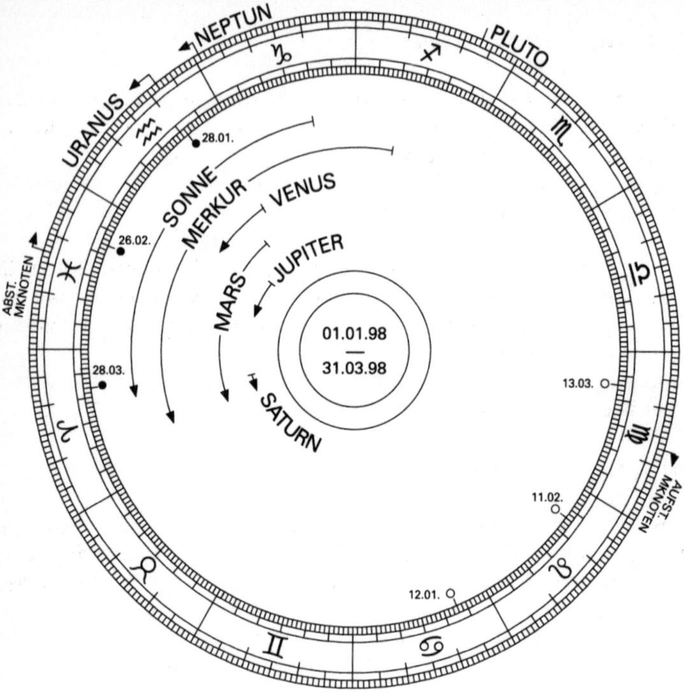

1.1.1998 – 31.3.1998

Sonne	11 Grad Steinbock	Jupiter	23 Grad Wassermann
Mondknoten	13 Grad Jungfrau	Saturn	14 Grad Widder
Merkur	19 Grad Schütze	Uranus	8 Grad Wassermann
Venus R	4 Grad Wassermann	Neptun	29 Grad Steinbock
Mars	11 Grad Wassermann	Pluto	7 Grad Schütze

Wichtige Uranusaspekte I/1998

28.1. Sonne Konjunktion Uranus

Neigung zu exzentrischen Ausbrüchen und merkwürdigen Formen der Selbstbehauptung. Auch Tendenz zur Überarbeitung und deshalb plötzliche Gesundheitsbeschwerden.

8.2. Merkur Konjunktion Uranus

Verträge über humanitäre oder technologische Angelegenheiten, Berichte über Entdeckungen oder Erfindungen sowie Erkenntnisse aus höheren geistigen Dimensionen bestimmen in diesem Monat das Denken vieler Menschen.

14.3. Merkur Sextil Uranus
18.3. Venus Konjunktion Uranus
19.3. Mars Sextil Uranus

Während dieser drei Uranussextile eröffnen sich unerwartete günstige Möglichkeiten, im Sport (oder in militärischen Aktivitäten), im Berufsleben, im Welthandel und in partnerschaftlichen Beziehungen rasch voranzukommen.

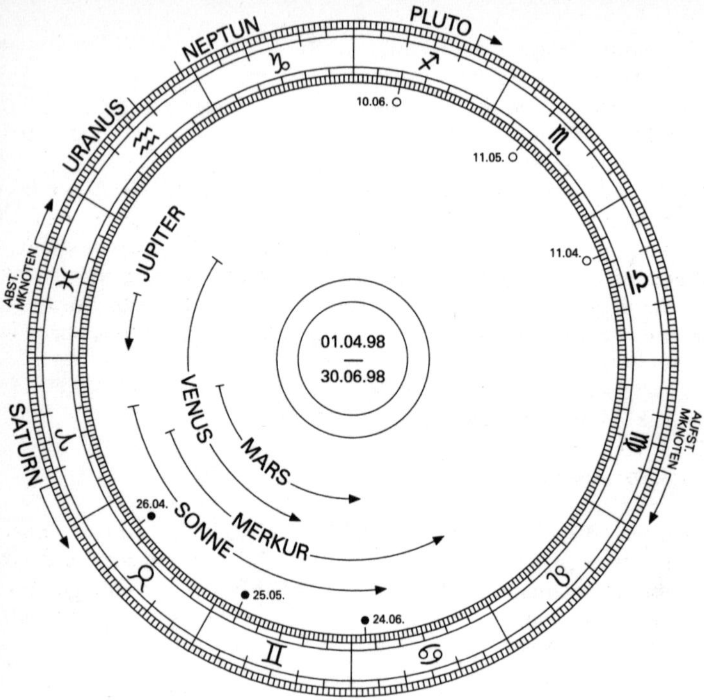

1.4.1998 – 30.6.1998

Sonne	12 Grad Widder	Jupiter	14 Grad Fische
Mondknoten	11 Grad Jungfrau	Saturn	22 Grad Widder
Merkur R	21 Grad Widder	Uranus	12 Grad Wassermann
Venus	25 Grad Wassermann	Neptun	2 Grad Wassermann
Mars	21 Grad Widder	Pluto R	8 Grad Schütze

17.5. Uranus R 13 Grad Wassermann

Wichtige Uranusaspkete II/1998

1.4. Sonne Sextil Uranus
12.4. Merkur Sextil Uranus
28.4. Merkur Sextil Uranus
30.4. Mars Quadrat Uranus

Die Sterne blicken freundlich auf uns herab, was die ersten drei Uranussextile angeht. Zwei Merkuraspekte zum Uranus gibt es deshalb, weil der Merkur beim ersten Sextil rückläufig ist, beim zweiten direktläufig. Merkurielle Themen sind damit doppelt angezeigt! Das Marsquadrat legt vorschnelle Entschlüsse nahe, die aus unüberlegten Egoreaktionen stammen oder einem übertriebenen Bedürfnis, um jeden Preis anders sein zu wollen.

3.5. Sonne Quadrat Uranus
15.5. Venus Sextil Uranus
23.5. Merkur Quadrat Uranus

Private Beziehungen entwickeln sich angenehm, in den Bereichen Gesundheit, Auftreten der Persönlichkeit und Wirtschaft und Industrie sowie Massenmedien kommt es immer wieder zu unvorhergesehenen Verzögerungen, Hindernissen und Schwierigkeiten, die wie »aus heiterem Himmel« auftauchen.

3.6. Sonne Trigon Uranus
7.6. Merkur Trigon Uranus
9.6. Venus Quadrat Uranus
10.6. Mars Trigon Uranus

Der Monat Juni macht gut, was der Monat Mai an Problemen gebracht hat. Kräfte sind reichlich vorhanden und lassen sich oft auf ungewohnte Weise nutzen. Nur im Privatleben und in Partnerschaften bringt der Uranus jetzt wieder einmal überraschende Irritationen.

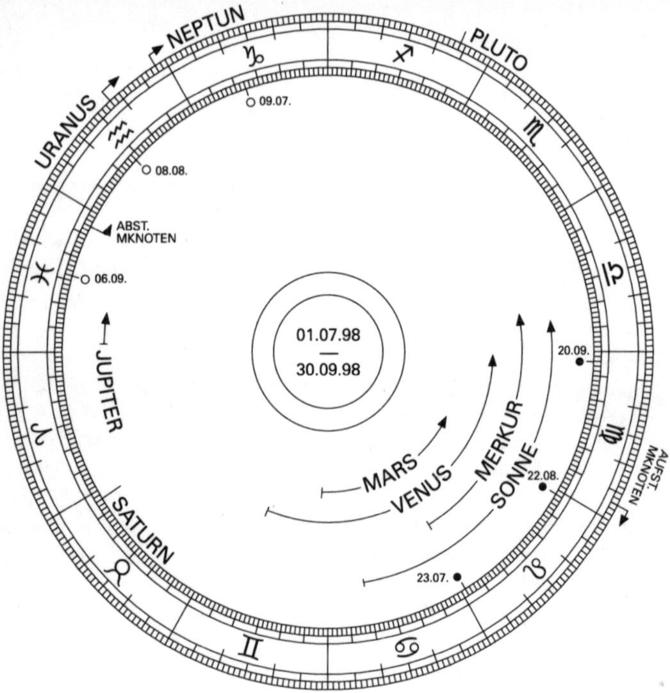

1.7.1998 – 30.9.1998

Sonne	9 Grad Krebs	Jupiter	28 Grad Fische
Mondknoten	3 Grad Jungfrau	Saturn	2 Grad Stier
Merkur	1 Grad Löwe	Uranus R	12 Grad Wassermann
Venus	8 Grad Zwillinge	Neptun R	2 Grad Wassermann
Mars	27 Grad Zwillinge	Pluto R	6 Grad Schütze

Wichtige Uranusaspekte III/1998

4.7. Venus Trigon Uranus
8.7. Merkur Opposition Uranus

3.8. Sonne Opposition Uranus
21.8. Venus Opposition Uranus

4.9. Mars Opposition Uranus

Die Marsopposition sorgt sicherlich für die größte Aufregung, und das vor dem Hintergrund einer Reihe anderer »schwieriger« Uranusaspekte (mit einer Ausnahme), die sich bereits zuvor in diesem Quartal ergeben – alles Oppositionen. Noch dazu ist Uranus rückläufig. Ich gehe davon aus, daß die Planeten im Zeichen Löwe symbolisch darstellen, daß es sowohl individuell als auch gesellschaftlich eine starke Tendenz gibt, auf seinem Recht zu beharren, sich selbst in den Vordergrund zu spielen, »herrschen« zu wollen. Dagegen stehen Uranuseinflüsse aus dem eigenen Zeichen Wassermann, die u. a. auf gesellschaftlichen Umbruch, politischen Umsturz, Einbruch höherer Erkenntnisse in die menschliche Verstandesebene, Durchbruch in Medizin, Technologie, Elektronik und Medien weisen. Aus diesen Oppositionen leite ich sowohl Bewußtwerdung wie Auseinandersetzung darum ab, inwieweit persönliche Bedürfnisse und individuelle Vorrechte mit neuen sozialen Herausforderungen bzw. mit revolutionären geistigen Erkenntnissen in Einklang gebracht werden können,

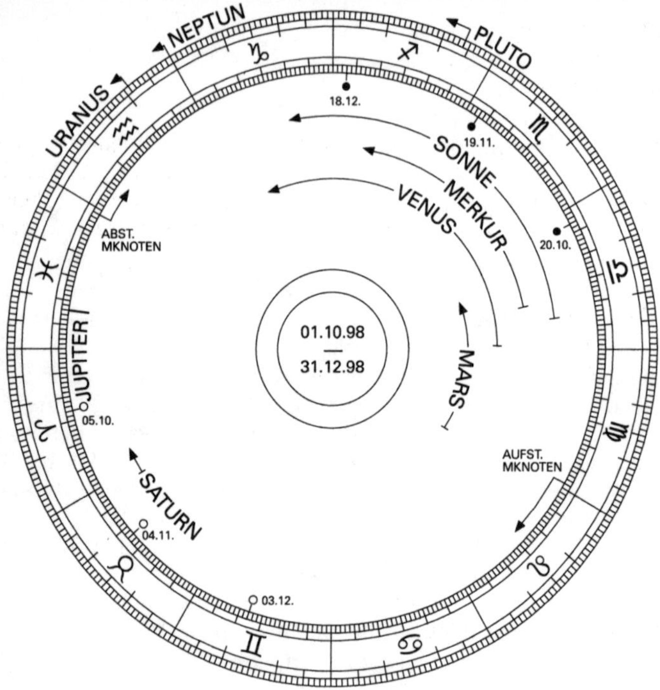

1.10.1998 – 31.12.1998

Sonne	8 Grad Waage	Jupiter R	22 Grad Fische
Mondknoten	1 Grad Jungfrau	Saturn R	2 Grad Stier
Merkur	12 Grad Waage	Uranus R	9 Grad Wassermann
Venus	1 Grad Waage	Neptun R	30 Grad Steinbock
Mars	26 Grad Löwe	Pluto	6 Grad Schütze

18.10. Uranus D 9 Grad Wassermann

Wichtige Uranusaspekte IV/1998

2.10. Sonne Trigon Uranus
8.10. Venus Trigon Uranus
17.10. Merkur Quadrat Uranus

Die beiden Trigone zum Monatsbeginn bringen willkommene Veränderungen mit sich, die es möglich machen, konkrete konstruktive Schritte zu unternehmen. Das Quadrat birgt Risiken durch überkritische Meinungen oder übermäßige Leidenschaftlichkeit im Austausch mit anderen.

1.11. Venus Quadrat Uranus
1.11. Sonne Quadrat Uranus
8.11. Merkur Sextil Uranus
25.11. Venus Sextil Uranus

In den ersten Tagen des November stehen unliebsame Überraschungen ins Haus. Vom Anfang etwa der zweiten Dekade an legen sich Unsicherheiten jedoch, Unklarheiten werden gelöst, und wir können wieder einige angenehme Wendungen des Schicksals erwarten.

1.12. Merkur Sextil Uranus
2.12. Sonne Sextil Uranus
16.12. Mars Trigon Uranus
23.12. Merkur Sextil Uranus

Der Dezember dieses Jahres bringt gesellschaftspolitisch keine herausragenden »schlimmen« neuen Entwicklungen und für die Allgemeinheit keine plötzlichen Krisen. Tatkraft und Durchblick, Öffnung für interessante und ungewöhnliche Möglichkeiten – günstige neue Gelegenheiten.

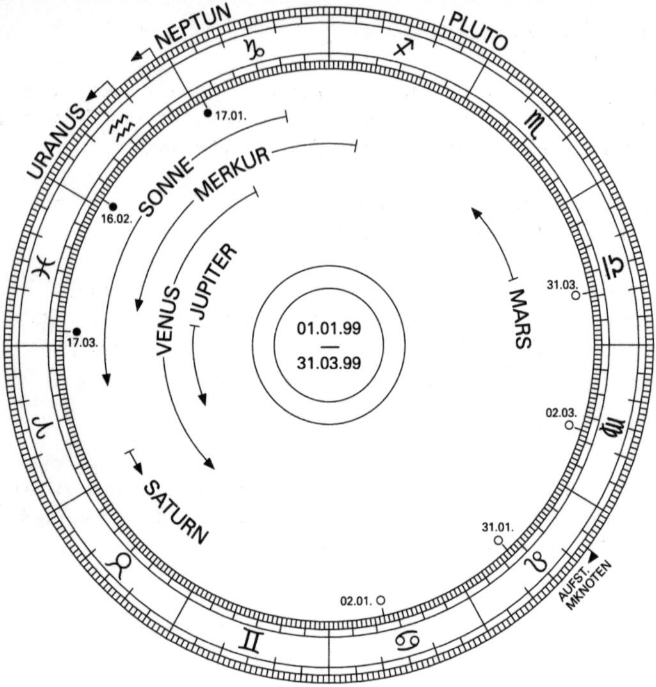

1.1.1999 – 31.3.1999

Sonne	11 Grad Steinbock	Jupiter	22 Grad Fische
Mondknoten	23 Grad Löwe	Saturn	27 Grad Widder
Merkur	22 Grad Schütze	Uranus	11 Grad Wassermann
Venus	26 Grad Steinbock	Neptun	2 Grad Wassermann
Mars	19 Grad Waage	Pluto	10 Grad Schütze

Wichtige Uranusaspekte I/1999

13.1. Venus Konjunktion Uranus

Eigenwillige Ästhetik, originelle Beiträge in Medien und Kunst, die Bemühung um eine bewußte Öffnung für die Harmonie höherer Ebenen können jetzt einen zeitweisen Durchbruch erfahren.

2.2. Sonne Konjunktion Uranus
3.2. Merkur Konjunktion Uranus

Anfang Februar ist Konzentration dabei angesagt, ungewöhnliche Chancen zu nutzen, die sich mit einem Mal bieten. Humanitäre und spirituelle Ziele werden leichter zu erreichen sein als materielle.

5.3. Venus Sextil Uranus
31.3. Venus Quadrat Uranus

Der Monatsbeginn bringt erfreuliche Neuigkeiten bzw. Veränderungen im Liebes- und Partnerleben. Ende März müssen wir jedoch mit unangenehmen Nachrichten rechnen.

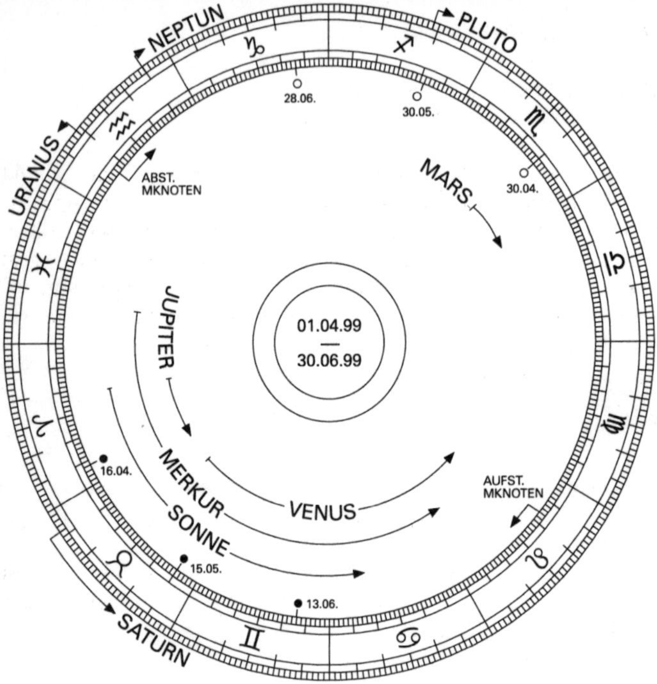

1.4.1999 – 30.6.1999			
Sonne	11 Grad Widder	Jupiter	12 Grad Widder
Mondknoten	22 Grad Löwe	Saturn	4 Grad Stier
Merkur R	21 Grad Fische	Uranus	16 Grad Wassermann
Venus	17 Grad Stier	Neptun	5 Grad Wassermann
Mars R	12 Grad Skorpion	Pluto R	11 Grad Schütze

21.5. Uranus R 17 Grad Wassermann

Wichtige Uranusaspekte II/1999

6.4. Sonne Sextil Uranus
23.4. Jupiter Sextil Uranus
26.4. Venus Trigon Uranus
30.4. Merkur Sextil Uranus

Das Jupitersextil in der letzten Aprilwoche verspricht eine glückliche und überraschende Wendung, zumal das folgende Venustrigon und das Merkursextil die freundliche Grundstimmung noch verlängert. Auch hier gilt jedoch wieder: hoffentlich nutzen wir die Gunst dieser Stunden oder Tage. Denn sie wird nicht ewig anhalten! Das Jahr 1999 bringt in der zweiten Hälfte große Herausforderungen!

7.5. Sonne Quadrat Uranus
17.5. Merkur Quadrat Uranus
31.5. Merkur Trigon Uranus

7.6. Sonne Trigon Uranus
23.6. Venus Opposition Uranus

Sowohl im Mai wie im Juni stellen wir eine nicht eindeutig festgelegte Uranusenergie mit den üblichen Schwankungen durch die nur kurzfristig wirksamen Aspekte der »Schnelläufer« fest.

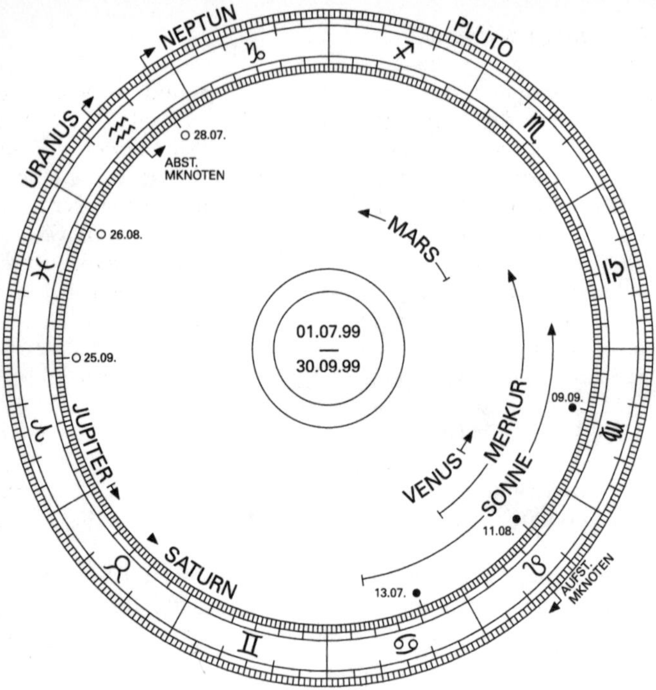

1.7.1999 – 30.9.1999

Sonne	9 Grad Krebs	Jupiter	1 Grad Stier
Mondknoten	14 Grad Löwe	Saturn	15 Grad Stier
Merkur	5 Grad Löwe	Uranus R	17 Grad Wassermann
Venus	23 Grad Löwe	Neptun R	4 Grad Wassermann
Mars	29 Grad Waage	Pluto R	9 Grad Schütze

Wichtige Uranusaspekte III/1999

18.7. Saturn Quadrat Uranus

Wer die Heyne Planetenbücher über den Mars und die Mondknoten, vor allem über den Saturn gelesen hat, wird feststellen, daß ich mich nicht traue, für die zweite Hälfte des Jahres 1999 besonders erfreuliche Prognosen zu stellen. Im Saturn-Buch heißt es dazu:

»Das dritte Quartal 1999 verheißt nicht viel Gutes. Unter den schwierigen Aspekten stechen die Saturn-Quadrate zur Mondknotenachse und zum Uranus hervor. Die ersten drei Juliwochen bringen eine Stimmung des Widerwillens mit sich, sich den Folgen des eigenen früheren Verhaltens zu stellen. Das Schicksal scheint ›grausam‹ zu sein – wir übersehen dabei meist, daß es ›handgestrickt‹ ist. Das Quadrat (vom Saturn) zum Uranus bringt plötzliche, unerwartete und ungewöhnliche unliebsame Überraschungen und Wendungen, gegen die wir uns sträuben bzw. mit denen wir mit den alten Methoden nicht mehr zurechtkommen.

In der zweiten Augustwoche ist mit Kampfbereitschaft, politischen Verhärtungen und Widerständen gegen vernünftige Lösungen zu rechnen.«

7.8. Mars Quadrat Uranus
7.8. Sonne Opposition Uranus
23.8. Merkur Opposition Uranus

Die Uranusaspekte des August unterstreichen die sehr problematische Tendenz des Juli leider nur noch. Überreizte Reaktionen und Gewaltausbrüche oder Natur- bzw. Technikkatastrophen sind angesagt.

23.9. Mars Sextil Uranus
24.9. Merkur Trigon Uranus
25.9. Sonne Trigon Uranus

Der September bringt etwas Entspannung, zumindest keine neuerlichen schreckenerregenden Überraschungen mehr.

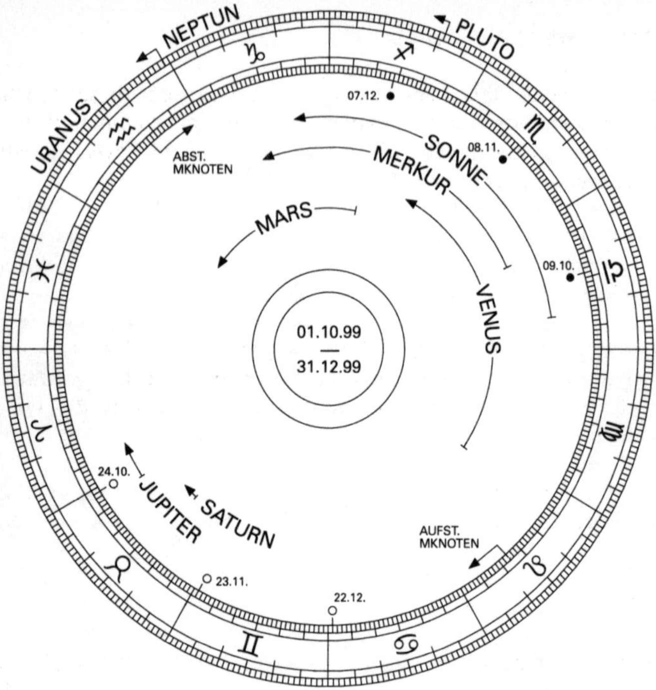

1.10.1999 – 31.12.1999

Sonne	8 Grad Waage	Jupiter R	3 Grad Stier
Mondknoten	12 Grad Löwe	Saturn R	17 Grad Stier
Merkur	24 Grad Waage	Uranus R	14 Grad Wassermann
Venus	25 Grad Löwe	Neptun R	2 Grad Wassermann
Mars	19 Grad Schütze	Pluto	9 Grad Schütze

23.10. Uranus D 13 Grad Wassermann

14.10. Merkur Quadrat Uranus

Um die Mitte des Oktobers ist von wichtigen Entscheidungen in Geld- und Besitzangelegenheiten abzuraten. Vor allem sollte man von voreiligen Investitionen in angeblich einmalige und nur jetzt bestehende »Gelegenheiten« absehen.

5.11. Sonne Quadrat Uranus
14.11. Saturn Quadrat Uranus
21.11. Venus Trigon Uranus

Das im Quartal zuvor besprochene Saturnquadrat bildet sich erneut. Wir können offensichtlich nicht mehr von uns und den selbst verursachten Herausforderungen zur geistigen und gesellschaftlichen Entwicklung davonlaufen.

6.12. Sonne Sextil Uranus
14.12. Mars Konjunktion Uranus
17.12. Venus Quadrat Uranus
20.12. Merkur Sextil Uranus
24.12. Venus Quadrat Mars

Zum Jahresende und zum Jahrhundert- und Jahrtausendwechsel ergibt sich eine »gemischte« Tendenz. Erfeuliche und weniger schöne Nachrichten und Neuerungen halten sich in etwa die Waage.

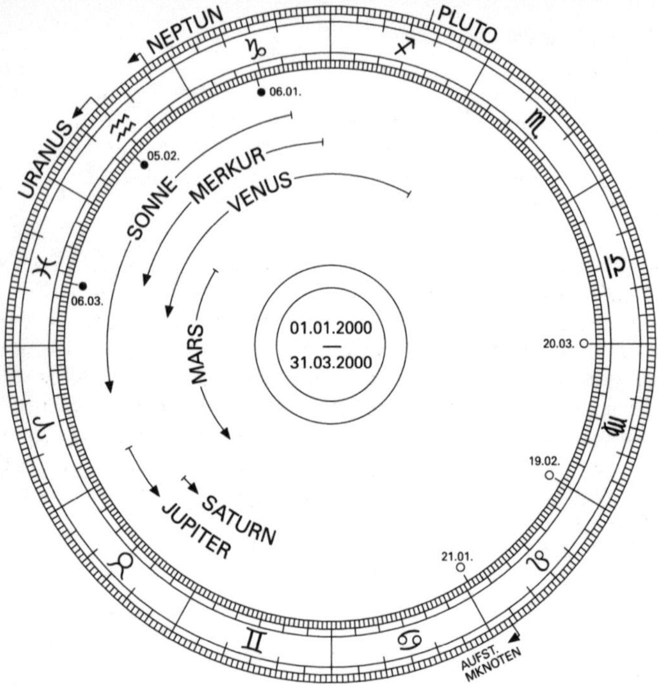

1.1.2000 – 31.3.2000

Sonne	10 Grad Steinbock	Jupiter	26 Grad Widder
Mondknoten	4 Grad Löwe	Saturn R	11 Grad Stier
Merkur	2 Grad Steinbock	Uranus	15 Grad Wassermann
Venus	1 Grad Schütze	Neptun	4 Grad Wassermann
Mars	28 Grad Wassermann	Pluto	12 Grad Schütze

Wichtige Uranusaspekte I/2000

12.1. Venus Sextil Uranus
28.1. Merkur Konjunktion Uranus

6.2. Sonne Konjunktion Uranus

4.3. Venus Konjunktion Uranus
7.3. Mars Sextil Uranus

Zum Beginn des neuen Jahrtausends, im ganzen I. Quartal, geht es merklich positiv voran. Bis auf den Saturn ist kein Planet mehr rückläufig. Der Umbau der Grundstrukturen ist also noch nicht abgeschlossen, und manche Menschen kleben noch immer an alten »Ordnungsskeletten«. Aber allgemein fließen die Energien in den Aufbau einer neuen Zeit voller »frischer« Ideale – auf dem Hintergrund schmerzhafter karmischer Lektionen und einschneidender Umwälzungen. Vitalität und Pioniergeist, mentale Bewußtheit und Sehnsucht nach Harmonie verbinden sich zu einer gemeinsamen Bemühung um eine bessere Welt.

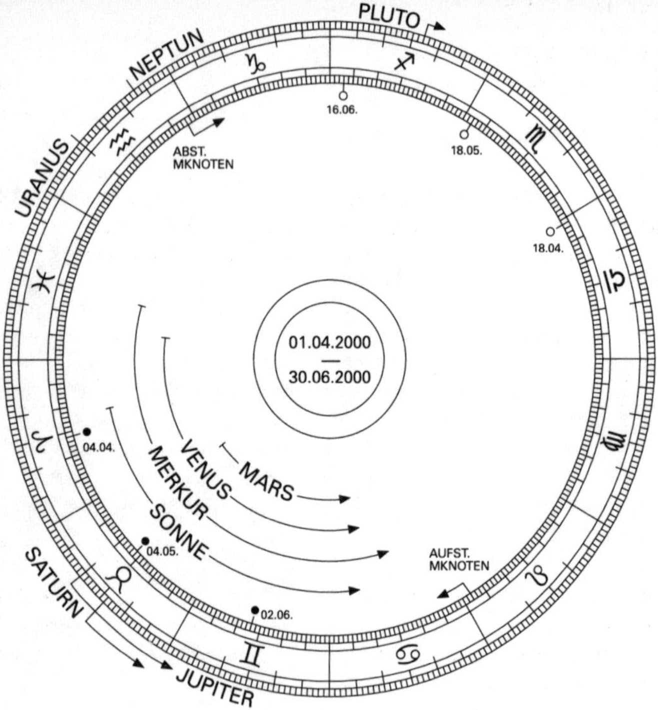

1.4.2000 – 30.6.2000

Sonne	12 Grad Widder	Jupiter	10 Grad Stier
Mondknoten	2 Grad Löwe	Saturn	16 Grad Stier
Merkur	15 Grad Fische	Uranus	20 Grad Wassermann
Venus	23 Grad Fische	Neptun	7 Grad Wassermann
Mars	7 Grad Stier	Pluto R	13 Grad Schütze

25.5. Uranus R 21 Grad Wassermann

9.4. Sonne Sextil Uranus
20.4. Mars Quadrat Uranus
23.4. Venus Sextil Uranus
25.4. Merkur Sextil Uranus

Im April eher eine freundliche Lage mit guten, wegweisenden Ideen und Impulsen. Nur das Marsquadrat zeigt an, daß noch immer zuviel Eigensinn und Eigenwille, zu viele persönliche Machtansprüche herrschen.

10.5. Merkur Quadrat Uranus
11.5. Sonne Quadrat Uranus
13.5. Saturn Quadrat Uranus
18.5. Venus Quadrat Uranus
20.5. Jupiter Quadrat Uranus
24.5. Merkur Trigon Uranus

Zur Wiederholung des bereits im III. und IV. Quartal erwähnten Saturnquadrats gesellt sich nun noch ein Jupiterquadrat hinzu. Der Mai bringt zusätzlich eine ganze Reihe »kleinerer« Quadrate. Ich rechne mit einer erneuten plötzlichen Sinnkrise und mit dem unerwarteten Verlust von bereits sicher geglaubten »Gewinnen«, sowohl geistiger als auch materieller Art.

2.6. Mars Trigon Uranus
11.6. Sonne Trigon Uranus
11.6. Venus Trigon Uranus

Der Juni bringt eine gewisse Beruhigung, eine Verschnaufpause sowie kleinere positiv überraschende Neuentwicklungen.

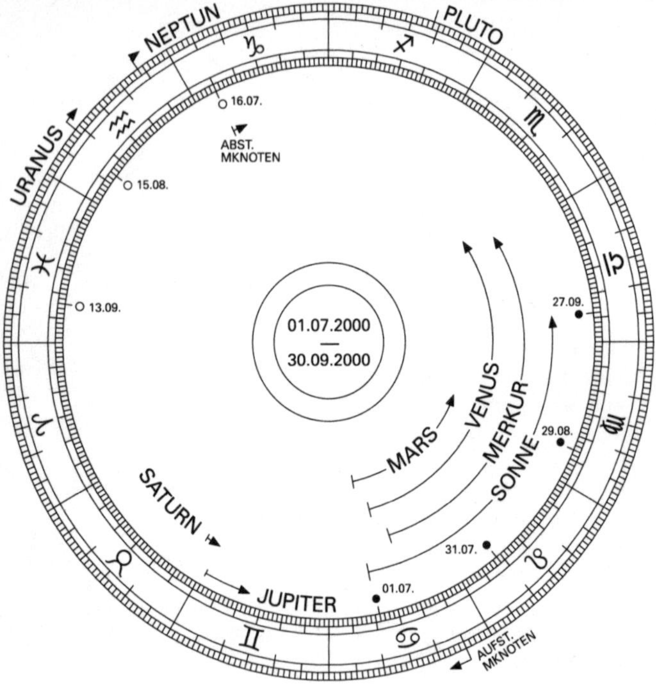

1.7.2000 – 30.9.2000

Sonne	10 Grad Krebs	Jupiter	1 Grad Zwillinge
Mondknoten	25 Grad Krebs	Saturn	27 Grad Stier
Merkur R	18 Grad Krebs	Uranus R	21 Grad Wassermann
Venus	4 Grad Krebs	Neptun R	6 Grad Wassermann
Mars	10 Grad Krebs	Pluto R	11 Grad Schütze

29.7. Venus Opposition Uranus

Besondere Begegnungen, die neue Partnerschaften begründen können – wenn man sich über Gegensätze und unterschiedliche Anschauungen hinweg im wesentlichen einig wird.

16.8. Merkur Opposition Uranus
29.8. Mars Opposition Uranus

Von neuen geschäftlichen Unternehmungen, zumal mit bislang unbekannten Partnern, sollte man in der zweiten Augusthälfte tunlichst die Hände lassen.

14.9. Venus Trigon Uranus
19.9. Merkur Trigon Uranus

Im September können wir unsere Kräfte wieder mehr und erfolgreicher auf neue Vorhaben richten. Dabei dürfen wir auf die Unterstützung durch sogenannte Glücksfälle zählen.

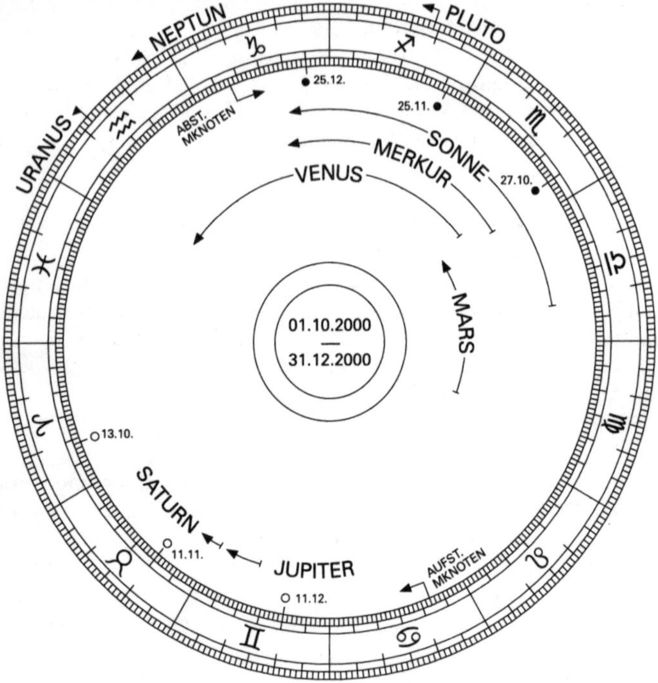

1.10.2000 – 31.12.2000

Sonne	9 Grad Waage	– 10 Grad Steinbock
Mondknoten	22 Grad Krebs	– 16 Grad Krebs
Merkur	3 Grad Skorpion	– 13 Grad Steinbock
Venus	8 Grad Skorpion	– 26 Grad Wassermann
Mars	9 Grad Jungfrau	– 5 Grad Skorpion
Jupiter R	12 Grad Zwillinge	– 3 Grad Zwillinge
Saturn R	1 Grad Zwillinge	– 25 Grad Stier
Uranus R	18 Grad Wassermann	– 19 Grad Wassermann
Neptun R	4 Grad Wassermann	– 6 Grad Wassermann
Pluto	11 Grad Schütze	– 14 Grad Schütze

26.10. Uranus D 17 Grad Wassermann

8.10. Venus Quadrat Uranus
10.10. Sonne Trigon Uranus

Was es in Partnerschaftsbeziehungen jetzt an Mißverständnissen oder unerwarteten Gefühlsreaktionen gibt, kann durch ein gesundes Selbstvertrauen leicht ausgeglichen werden.

2.11. Venus Sextil Uranus
25.11. Merkur Quadrat Uranus

Die beiden Uranusaspekte zu den »Schnelläufern« Venus und Merkur machen – mangels anderer wichtiger Aspekte – keine herausragende Tendenz deutlich.

2.12. Mars Trigon Uranus
9.12. Sonne Sextil Uranus
15.12. Merkur Sextil Uranus
24.12. Venus Konjunktion Uranus

Der Ausklang des ersten Jahrs des dritten Jahrtausends dürfte keine ungewöhnlichen schlechten Nachrichten und auch keine größeren bösen Überraschungen mehr bringen. Einsatzbereitschaft und Selbstbewußtsein, Geschäftssinn und Liebesverbindungen werden vielmehr auf ungewöhnliche und schöpferische Weise stimuliert.

Wo steht Ihr Uranus? Eine Übersicht von 1920 bis 1993

Die nachfolgende Aufstellung gibt an, wo der Uranus jeweils zum Monatsersten stand. Zusätzlich wird der Tag angegeben, an dem der Uranus von einem Tierkreiszeichen in ein anderes wanderte, sowie Beginn und Ende der sogenannten Rückläufigkeit. R heißt Beginn, D Ende der Rückläufigkeit. Die meisten Astrologen gehen davon aus, daß die Rückläufigkeit eines Planeten bedeutet, daß seine Qualitäten mehr introvertiert, nach innen gerichtet sind. Die Uranuspositionen von 1994 bis 2000 finden Sie im Planetenkalender im vorherigen Kapitel. Die Zahlen nach der Gradzahl sind die Minutenangaben.

1920		
1. 1.	28°58	Wassermann
23.1.	0°	Fische
1. 2.	0°30	Fische
1. 3.	2°09	Fische
1. 4.	3°49	Fische
1. 5.	5°19	Fische
1. 6.	5°38	Fische
10.6.R	5°41	Fische
1. 7.	5°30	Fische
1. 8.	4°42	Fische
1. 9.	3°30	Fische
1.10.	2°25	Fische
1.11.	1°48	Fische
11.11.D	1°45	Fische
1.12.	1°55	Fische

1921		
1. 1.	2°49	Fische
1. 2.	4°17	Fische
1. 3.	5°52	Fische
1. 4.	7°34	Fische
1. 5.	8°51	Fische
1. 6.	9°34	Fische
14.6.R	9°38	Fische
1. 7.	9°32	Fische
1. 8.	8°48	Fische
1. 9.	7°39	Fische
1.10.	6°31	Fische
1.11.	5°48	Fische
15.11.D	5°43	Fische
1.12.	5°49	Fische

1922		
1. 1.	6°37	Fische
1. 2.	8°02	Fische
1. 3.	9°36	Fische
1. 4.	11°19	Fische
1. 5.	12°40	Fische
1. 6.	13°28	Fische
18.6.R	13°36	Fische
1. 7.	13°32	Fische
1. 8.	12°54	Fische
1. 9.	11°46	Fische
1.10.	10°37	Fische
1.11.	9°49	Fische
19.11.D	9°40	Fische
1.12.	9°44	Fische

1923		
1. 1.	10°25	Fische
1. 2.	11°46	Fische
1. 3.	13°18	Fische
1. 4.	15°03	Fische
1. 5.	16°27	Fische
1. 6.	17°21	Fische
22.6.R	17°33	Fische
1. 7.	17°32	Fische
1. 8.	16°59	Fische
1. 9.	15°54	Fische

1.10.	14°44	Fische
1.11.	13°51	Fische
23.11.D	13°38	Fische
1.12.	13°39	Fische

1924

1. 1.	14°15	Fische
1. 2.	15°31	Fische
1. 3.	17°05	Fische
1. 4.	18°50	Fische
1. 5.	20°17	Fische
1. 6.	21°15	Fische
26.6.R	21°31	Fische
1. 7.	21°30	Fische
1. 8.	21°02	Fische
1. 9.	19°59	Fische
1.10.	18°48	Fische
1.11.	17°52	Fische
27.11.D	17°35	Fische
1.12.	17°36	Fische

1925

1. 1.	18°06	Fische
1. 2.	19°19	Fische
1. 3.	20°48	Fische
1. 4.	22°33	Fische
1. 5.	24°04	Fische
1. 6.	25°07	Fische
30.6.R	25°29	Fische
1. 7.	25°29	Fische
1. 8.	25°06	Fische
1. 9.	24°07	Fische
1.10.	22°56	Fische
1.11.	21°56	Fische
1.12.	21°33	Fische
2.12.D	21°32	Fische

1926

1. 1.	21°57	Fische
1. 2.	23°05	Fische
1. 3.	24°32	Fische
1. 4.	26°17	Fische
1. 5.	27°50	Fische
1. 6.	28°59	Fische
1. 7.	29°26	Fische
5. 7.R	29°27	Fische
1. 8.	29°10	Fische
1. 9.	28°15	Fische
1.10.	27°04	Fische
1.11.	26°00	Fische
1.12.	25°32	Fische
5.12.D	25°31	Fische

1927

1. 1.	25°49	Fische
1. 2.	26°52	Fische
1. 3.	28°16	Fische
1. 4.	0°01	Widder
1. 5.	1°36	Widder
1. 6.	2°50	Widder
1. 7.	3°23	Widder
9. 7.R	3°25	Widder
1. 8.	3°13	Widder
1. 9.	2°22	Widder
1.10.	1°13	Widder
1.11.	0°06	Widder
5.11.	29°59	Fische
1.12.	29°32	Fische
9.12.D	29°30	Fische

1928

1. 1.	29°42	Fische
14.1.	0°00	Widder
1. 2.	0°39	Widder
1. 3.	2°04	Widder
1. 4.	3°48	Widder
1. 5.	5°25	Widder
1. 6.	6°42	Widder
1. 7.	7°20	Widder
12.7.R	7°24	Widder
1. 8.	7°15	Widder
1. 9.	6°28	Widder
1.10.	5°19	Widder
1.11.	4°10	Widder
1.12.	3°32	Widder
12.12.D	3°28	Widder

1929

1. 1.	3°38	Widder
1. 2.	4°30	Widder

1. 3. 5°49 Widder
1. 4. 7°33 Widder
1. 5. 9°11 Widder
1. 6. 10°33 Widder
1. 7. 11°17 Widder
17.7.R 11°23 Widder
1. 8. 11°18 Widder
1. 9. 10°36 Widder
1.10. 9°29 Widder
1.11. 8°18 Widder
1.12. 7°34 Widder
17.12.D 7°27 Widder

1930
1. 1. 7°33 Widder
1. 2. 8°20 Widder
1. 3. 9°35 Widder
1. 4. 11°17 Widder
1. 5. 12°57 Widder
1. 6. 14°23 Widder
1. 7. 15°12 Widder
21.7.R 15°23 Widder
1. 8. 15°20 Widder
1. 9. 14°43 Widder
1.10. 13°39 Widder
1.11. 12°26 Widder
1.12. 11°37 Widder
21.12.D 11°27 Widder

1931
1. 1. 11°29 Widder
1. 2. 12°10 Widder
1. 3. 13°21 Widder
1. 4. 15°02 Widder
1. 5. 16°44 Widder
1. 6. 18°12 Widder
1. 7. 19°08 Widder
25.7.R 19°23 Widder
1. 8. 19°22 Widder
1. 9. 18°51 Widder
1.10. 17°49 Widder
1.11. 16°35 Widder
1.12. 15°42 Widder
25.12.D 15°26 Widder

1932
1. 1. 15°27 Widder
1. 2. 16°02 Widder
1. 3. 17°12 Widder
1. 4. 18°51 Widder
1. 5. 20°33 Widder
1. 6. 22°05 Widder
1. 7. 23°04 Widder
29.7.R 23°24 Widder
1. 8. 23°23 Widder
1. 9. 22°57 Widder
1.10. 21°57 Widder
1.11. 20°43 Widder
1.12. 19°46 Widder
28.12.D 19°27 Widder

1933
1. 1. 19°27 Widder
1. 2. 19°56 Widder
1. 3. 21°03 Widder
1. 4. 22°37 Widder
1. 5. 24°20 Widder
1. 6. 25°55 Widder
1. 7. 26°59 Widder
1. 8.R 27°25 Widder
1. 9. 27°05 Widder
1.10. 26°09 Widder
1.11. 24°54 Widder
1.12. 23°54 Widder

1934
1. 1. 23°28 Widder
2. 1.D 23°28 Widder
1. 2. 23°51 Widder
1. 3. 24°50 Widder
1. 4. 26°25 Widder
1. 5. 28°07 Widder
1. 6. 29°45 Widder
7. 6. 0°01 Stier
1. 7. 0°54 Stier
1. 8. 1°27 Stier
7. 8.R 1°27 Stier
1. 9. 1°13 Stier
1.10. 0°21 Stier
11.10. 29°58 Widder

1.11. 29°07 Widder
1.12. 28°03 Widder

1935
1. 1. 27°31 Widder
6. 1.D 27°30 Widder
1. 2. 27°47 Widder
1. 3. 28°41 Widder
29.3. 0°03 Stier
1. 4. 0°13 Stier
1. 5. 1°55 Stier
1. 6. 3°35 Stier
1. 7. 4°49 Stier
1. 8. 5°28 Stier
11.8.R 5°31 Stier
1. 9. 5°21 Stier
1.10. 4°33 Stier
1.11. 3°20 Stier
1.12. 2°13 Stier

1936
1. 1. 1°35 Stier
10.1.D 1°33 Stier
1. 2. 1°45 Stier
1. 3. 2°37 Stier
1. 4. 4°05 Stier
1. 5. 5°47 Stier
1. 6. 7°29 Stier
1. 7. 8°47 Stier
1. 8. 9°31 Stier
14.8.R 9°36 Stier
1. 9. 9°29 Stier
1.10. 8°45 Stier
1.11. 7°33 Stier
1.12. 6°24 Stier

1937
1. 1. 5°42 Stier
13.1.D 5°37 Stier
1. 2. 5°46 Stier
1. 3. 6°31 Stier
1. 4. 7°56 Stier
1. 5. 9°37 Stier
1. 6. 11°21 Stier
1. 7. 12°43 Stier
1. 8. 13°33 Stier
19.8.R 13°42 Stier
1. 9. 13°38 Stier
1.10. 12°59 Stier
1.11. 11°50 Stier
1.12. 10°39 Stier

1938
1. 1. 9°51 Stier
18.1.D 9°43 Stier
1. 2. 9°48 Stier
1. 3. 10°28 Stier
1. 4. 11°49 Stier
1. 5. 13°28 Stier
1. 6. 15°13 Stier
1. 7. 16°40 Stier
1. 8. 17°36 Stier
23.8.R 17°49 Stier
1. 9. 17°47 Stier
1.10. 17°15 Stier
1.11. 16°08 Stier
1.12. 14°55 Stier

1939
1. 1. 14°02 Stier
22.1.D 13°50 Stier
1. 2. 13°52 Stier
1. 3. 14°26 Stier
1. 4. 15°43 Stier
1. 5. 17°21 Stier
1. 6. 19°07 Stier
1. 7. 20°37 Stier
1. 8. 21°39 Stier
28.8.R 21°58 Stier
1. 9. 21°57 Stier
1.10. 21°31 Stier
1.11. 20°28 Stier
1.12. 19°14 Stier

1940
1. 1. 18°16 Stier
26.1.D 17°59 Stier
1. 2. 17°59 Stier

1. 3.	18°29	Stier
1. 4.	19°42	Stier
1. 5.	21°18	Stier
1. 6.	23°05	Stier
1. 7.	24°38	Stier
1. 8.	25°45	Stier
1. 9.R	26°09	Stier
1.10.	25°47	Stier
1.11.	24°46	Stier
1.12.	23°32	Stier

1941

1. 1.	22°31	Stier
30.1.D	22°09	Stier
1. 2.	22°09	Stier
1. 3.	22°32	Stier
1. 4.	23°40	Stier
1. 5.	25°14	Stier
1. 6.	27°02	Stier
1. 7.	28°37	Stier
1. 8.	29°50	Stier
8. 8.	0°01	Zwillinge
1. 9.	0°21	Zwillinge
5. 9.R	0°21	Zwillinge
1.10.	0°05	Zwillinge
6.10.	29°59	Stier
1.11.	29°09	Stier
1.12.	27°55	Stier

1942

1. 1.	26°50	Stier
1. 2.	26°21	Stier
3. 2.D	26°21	Stier
1. 3.	26°38	Stier
1. 4.	27°40	Stier
1. 5.	29°11	Stier
16.5.	0°03	Zwillinge
1. 6.	0°59	Zwillinge
1. 7.	2°37	Zwillinge
1. 8.	3°55	Zwillinge
1. 9.	4°33	Zwillinge
10.9.R	4°35	Zwillinge
1.10.	4°24	Zwillinge
1.11.	3°33	Zwillinge
1.12.	2°20	Zwillinge

1943

1. 1.	1°10	Zwillinge
1. 2.	0°36	Zwillinge
7. 2.D	0°35	Zwillinge
1. 3.	0°46	Zwillinge
1. 4.	1°43	Zwillinge
1. 5.	3°10	Zwillinge
1. 6.	4°58	Zwillinge
1. 7.	6°38	Zwillinge
1. 8.	8°01	Zwillinge
1. 9.	8°46	Zwillinge
14.9.	8°51	Zwillinge
1.10.	8°44	Zwillinge
1.11.	7°58	Zwillinge
1.12.	6°47	Zwillinge

1944

1. 1.	5°34	Zwillinge
1. 2.	4°53	Zwillinge
12.2.D	4°50	Zwillinge
1. 3.	4°58	Zwillinge
1. 4.	5°49	Zwillinge
1. 5.	7°14	Zwillinge
1. 6.	9°01	Zwillinge
1. 7.	10°43	Zwillinge
1. 8.	12°10	Zwillinge
1. 9.	13°01	Zwillinge
18.9.R	13°08	Zwillinge
1.10.	13°04	Zwillinge
1.11.	12°22	Zwillinge
1.12.	11°13	Zwillinge

1945

1. 1.	9°58	Zwillinge
1. 2.	9°12	Zwillinge
15.2.D	9°06	Zwillinge
1. 3.	9°11	Zwillinge
1. 4.	9°56	Zwillinge
1. 5.	11°17	Zwillinge
1. 6.	13°02	Zwillinge
1. 7.	14°47	Zwillinge
1. 8.	16°18	Zwillinge
1. 9.	17°15	Zwillinge
23.9.R	17°27	Zwillinge
1.10.	17°26	Zwillinge

1.11. 16°50 Zwillinge
1.12. 15°43 Zwillinge

1946
1. 1. 14°27 Zwillinge
1. 2. 13°35 Zwillinge
20.2.D 13°25 Zwillinge
1. 3. 13°27 Zwillinge
1. 4. 14°05 Zwillinge
1. 5. 15°22 Zwillinge
1. 6. 17°05 Zwillinge
1. 7. 18°51 Zwillinge
1. 8. 20°26 Zwillinge
1. 9. 21°30 Zwillinge
27.9.R 21°48 Zwillinge
1.10. 21°48 Zwillinge
1.11. 21°20 Zwillinge
1.12. 20°15 Zwillinge

1947
1. 1. 18°57 Zwillinge
1. 2. 18°00 Zwillinge
24.2.D 17°45 Zwillinge
1. 3. 17°45 Zwillinge
1. 4. 18°17 Zwillinge
1. 5. 19°29 Zwillinge
1. 6. 21°10 Zwillinge
1. 7. 22°57 Zwillinge
1. 8. 24°35 Zwillinge
1. 9. 25°45 Zwillinge
1.10. 26°10 Zwillinge
2.10.R 26°11 Zwillinge
1.11. 25°49 Zwillinge
1.12. 24°49 Zwillinge

1948
1. 1. 23°30 Zwillinge
1. 2. 22°28 Zwillinge
29.2.D 22°07 Zwillinge
1. 3. 22°07 Zwillinge
1. 4. 22°33 Zwillinge
1. 5. 23°40 Zwillinge
1. 6. 25°20 Zwillinge
1. 7. 27°06 Zwillinge
1. 8. 28°48 Zwillinge
31.8. 0°01 Krebs
1. 9. 0°02 Krebs
1.10. 0°34 Krebs
6.10.R 0°35 Krebs
1.11. 0°18 Krebs
13.11. 29°59 Zwillinge
1.12. 29°21 Zwillinge

1949
1. 1. 28°03 Zwillinge
1. 2. 26°58 Zwillinge
1. 3. 26°31 Zwillinge
5. 3. 26°31 Zwillinge
1. 4. 26°50 Zwillinge
1. 5. 27°52 Zwillinge
1. 6. 29°28 Zwillinge
11.6. 0°03 Krebs
1. 7. 1°15 Krebs
1. 8. 2°59 Krebs
1. 9. 4°20 Krebs
1.10. 4°58 Krebs
11.10.R 5°01 Krebs
1.11. 4°50 Krebs
1.12. 3°58 Krebs

1950
1. 1. 2°41 Krebs
1. 2. 1°31 Krebs
1. 3. 0°58 Krebs
9. 3.D 0°56 Krebs
1. 4. 1°09 Krebs
1. 5. 2°06 Krebs
1. 6. 3°38 Krebs
1. 7. 5°24 Krebs
1. 8. 7°12 Krebs
1. 9. 8°37 Krebs
1.10. 9°23 Krebs
15.10.R 9°29 Krebs
1.11. 9°23 Krebs
1.12. 8°37 Krebs

1951
1. 1. 7°21 Krebs
1. 2. 6°08 Krebs
1. 3. 5°29 Krebs

14.3.D	5°24	Krebs
1. 4.	5°32	Krebs
1. 5.	6°22	Krebs
1. 6.	7°51	Krebs
1. 7.	9°36	Krebs
1. 8.	11°25	Krebs
1. 9.	12°56	Krebs
1.10.	13°49	Krebs
20.10.R	14°00	Krebs
1.11.	13°56	Krebs
1.12.	13°17	Krebs

1952

1. 1.	12°03	Krebs
1. 2.	10°47	Krebs
1. 3.	10°02	Krebs
18.3.D	9°54	Krebs
1. 4.	9°59	Krebs
1. 5.	10°43	Krebs
1. 6.	12°09	Krebs
1. 7.	13°53	Krebs
1. 8.	15°44	Krebs
1. 9.	17°18	Krebs
1.10.	18°17	Krebs
24.10.	18°32	Krebs
1.11.	18°31	Krebs
1.12.	17°56	Krebs

1953

1. 1.	16°45	Krebs
1. 2.	15°28	Krebs
1. 3.	14°39	Krebs
22.3.D	14°26	Krebs
1. 4.	14°28	Krebs
1. 5.	15°06	Krebs
1. 6.	16°26	Krebs
1. 7.	18°08	Krebs
1. 8.	20°01	Krebs
1. 9.	21°39	Krebs
1.10.	22°44	Krebs
29.10.R	23°06	Krebs
1.11.	23°06	Krebs
1.12.	22°39	Krebs

1954

1. 1.	21°32	Krebs
1. 2.	20°13	Krebs
1. 3.	19°19	Krebs
27.3.D	19°00	Krebs
1. 4.	19°01	Krebs
1. 5.	19°31	Krebs
1. 6.	20°46	Krebs
1. 7.	22°25	Krebs
1. 8.	24°18	Krebs
1. 9.	26°01	Krebs
1.10.	27°12	Krebs
1.11.	27°42	Krebs
3.11.R	27°42	Krebs
1.12.	27°22	Krebs

1955

1. 1.	26°20	Krebs
1. 2.	25°01	Krebs
1. 3.	24°02	Krebs
1. 4.D	23°36	Krebs
1. 5.	23°59	Krebs
1. 6.	25°08	Krebs
1. 7.	26°44	Krebs
1. 8.	28°37	Krebs
25.8.	0°01	Löwe
1. 9.	0°23	Löwe
1.10.	1°41	Löwe
1.11.	2°19	Löwe
8.11.R	2°20	Löwe
1.12.	2°06	Löwe

1956

1. 1.	1°09	Löwe
29.1.	29°58	Krebs
1. 2.	29°50	Krebs
1. 3.	28°46	Krebs
1. 4.	28°14	Krebs
5. 4.D	28°13	Krebs
1. 5.	28°31	Krebs
1. 6.	29°34	Krebs
11.6.	0°03	Löwe
1. 7.	1°08	Löwe
1. 8.	3°01	Löwe
1. 9.	4°50	Löwe
1.10.	6°12	Löwe
1.11.	6°56	Löwe

12.11.R 6°56 Löwe
1.12. 6°50 Löwe

1957
1. 1. 5°57 Löwe
1. 2. 4°39 Löwe
1. 3. 3°33 Löwe
1. 4. 2°54 Löwe
10.4.D 2°52 Löwe
1. 5. 3°03 Löwe
1. 6. 4°01 Löwe
1. 7. 5°30 Löwe
1. 8. 7°22 Löwe
1. 9. 9°13 Löwe
1.10. 10°41 Löwe
1.11. 11°33 Löwe
17.11.R 11°40 Löwe
1.12. 11°35 Löwe

1958
1. 1. 10°49 Löwe
1. 2. 9°32 Löwe
1. 3. 8°24 Löwe
1. 4. 7°38 Löwe
15.4.D 7°32 Löwe
1. 5. 7°40 Löwe
1. 6. 8°29 Löwe
1. 7. 9°54 Löwe
1. 8. 11°44 Löwe
1. 9. 13°37 Löwe
1.10. 19°10 Löwe
1.11. 16°09 Löwe
22.11.R 16°22 Löwe
1.12. 16°20 Löwe

1959
1. 1. 15°40 Löwe
1. 2. 14°27 Löwe
1. 3. 13°16 Löwe
1. 4. 12°23 Löwe
20.4.D 12°13 Löwe
1. 5. 12°16 Löwe
1. 6. 12°59 Löwe
1. 7. 14°19 Löwe
1. 8. 16°08 Löwe
1. 9. 18°02 Löwe
1.10. 19°39 Löwe
1.11. 20°46 Löwe
27.11.R 21°05 Löwe
1.12. 21°04 Löwe

1960
1. 1. 20°32 Löwe
1. 2. 19°22 Löwe
1. 3. 18°08 Löwe
1. 4. 17°10 Löwe
24.4.D 16°56 Löwe
1. 5. 16°57 Löwe
1. 6. 17°33 Löwe
1. 7. 18°49 Löwe
1. 8. 20°36 Löwe
1. 9. 22°31 Löwe
1.10. 24°11 Löwe
1.11. 25°32 Löwe
1.12.R 25°48 Löwe

1961
1. 1. 25°23 Löwe
1. 2. 24°16 Löwe
1. 3. 23°03 Löwe
1. 4. 22°00 Löwe
29.4.D 21°39 Löwe
1. 5. 21°39 Löwe
1. 6. 22°08 Löwe
1. 7. 23°18 Löwe
1. 8. 25°01 Löwe
1. 9. 26°56 Löwe
1.10. 28°40 Löwe
1.11. 29°59 Löwe
2.11. 0°01 Jungfrau
1.12. 0°32 Jungfrau

1962
1. 1. 0°15 Jungfrau
11.1. 29°59 Löwe
1. 2. 29°13 Löwe
1. 3. 28°01 Löwe
1. 4. 26°53 Löwe
1. 5. 26°24 Löwe
4. 5. 26°24 Löwe

1. 6. 26°44 Löwe
1. 7. 27°48 Löwe
1. 8. 29°27 Löwe
11.8. 0°04 Jungfrau
1. 9. 1°22 Jungfrau
1.10. 3°09 Jungfrau
1.11. 4°44 Jungfrau
1.12. 5°13 Jungfrau
11.12.R 5°18 Jungfrau

1963
1. 1. 5°06 Jungfrau
1. 2. 4°10 Jungfrau
1. 3. 2°59 Jungfrau
1. 4. 1°47 Jungfrau
1. 5. 1°11 Jungfrau
9. 5.D 1°09 Jungfrau
1. 6. 1°23 Jungfrau
1. 7. 2°20 Jungfrau
1. 8. 3°55 Jungfrau
1. 9. 5°49 Jungfrau
1.10. 7°38 Jungfrau
1.11. 9°09 Jungfrau
1.12. 9°58 Jungfrau
16.12.R 10°04 Jungfrau

1964
1. 1. 9°57 Jungfrau
1. 2. 9°08 Jungfrau
1. 3. 7°55 Jungfrau
1. 4. 6°41 Jungfrau
1. 5. 5°59 Jungfrau
13.5.D 5°55 Jungfrau
1. 6. 6°04 Jungfrau
1. 7. 6°56 Jungfrau
1. 8. 8°27 Jungfrau
1. 9. 10°19 Jungfrau
1.10. 12°10 Jungfrau
1.11. 13°45 Jungfrau
1.12. 14°40 Jungfrau
20.12.R 14°51 Jungfrau

1965
1. 1. 14°47 Jungfrau
1. 2. 14°03 Jungfrau
1. 3. 12°55 Jungfrau
1. 4. 11°38 Jungfrau
1. 5. 10°50 Jungfrau
18.5.D 10°42 Jungfrau
1. 6. 10°47 Jungfrau
1. 7. 11°31 Jungfrau
1. 8. 12°57 Jungfrau
1. 9. 14°47 Jungfrau
1.10. 16°39 Jungfrau
1.11. 18°19 Jungfrau
1.12. 19°22 Jungfrau
25.12.R 19°38 Jungfrau

1966
1. 1. 19°37 Jungfrau
1. 2. 19°00 Jungfrau
1. 3. 17°55 Jungfrau
1. 4. 16°37 Jungfrau
1. 5. 15°43 Jungfrau
23.5.D 15°29 Jungfrau
1. 6. 15°31 Jungfrau
1. 7. 16°07 Jungfrau
1. 8. 17°24 Jungfrau
1. 9. 19°15 Jungfrau
1.10. 21°08 Jungfrau
1.11. 22°52 Jungfrau
1.12. 24°01 Jungfrau
30.12.R 24°26 Jungfrau

1967
1. 1. 24°25 Jungfrau
1. 2. 23°57 Jungfrau
1. 3. 22°56 Jungfrau
1. 4. 21°36 Jungfrau
1. 5. 20°37 Jungfrau
1. 6. 20°17 Jungfrau
1. 7. 20°46 Jungfrau
1. 8. 21°59 Jungfrau
1. 9. 23°44 Jungfrau
1.10. 25°37 Jungfrau
1.11. 27°24 Jungfrau
1.12. 28°40 Jungfrau

1968
1. 1. 29°13 Jungfrau

4. 1.R	29°13	Jungfrau
1. 2.	28°52	Jungfrau
1. 3.	27°54	Jungfrau
1. 4.	26°34	Jungfrau
1. 5.	25°31	Jungfrau
1. 6.	25°05	Jungfrau
1. 7.	25°27	Jungfrau
1. 8.	26°35	Jungfrau
1. 9.	28°16	Jungfrau
29.9.	0°01	Waage
1.10.	0°09	Waage
1.11.	1°59	Waage
1.12.	3°20	Waage

1969

1. 1.	3°59	Waage
8. 1.R	4°01	Waage
1. 2.	3°45	Waage
1. 3.	2°53	Waage
1. 4.	1°35	Waage
1. 5.	0°27	Waage
21.5.	29°59	Jungfrau
1. 6.	29°53	Jungfrau
7. 6.	29°52	Jungfrau
25.6.	0°01	Waage
1. 7.	0°07	Waage
1. 8.	1°08	Waage
1. 9.	2°46	Waage
1.10.	4°37	Waage
1.11.	6°30	Waage
1.12.	7°56	Waage

1970

1. 1.	8°43	Waage
13.1.R	8°48	Waage
1. 2.	8°38	Waage
1. 3.	7°52	Waage
1. 4.	6°35	Waage
1. 5.	5°24	Waage
1. 6.	4°43	Waage
12.6.D	4°39	Waage
1. 7.	4°49	Waage
1. 8.	5°42	Waage
1. 9.	7°15	Waage
1.10.	9°04	Waage
1.11.	10°59	Waage
1.12.	12°30	Waage

1971

1. 1.	13°26	Waage
18.1.R	13°34	Waage
1. 2.	13°29	Waage
1. 3.	12°49	Waage
1. 4.	11°34	Waage
1. 5.	10°21	Waage
1. 6.	9°33	Waage
17.6.D	9°26	Waage
1. 7.	9°31	Waage
1. 8.	10°17	Waage
1. 9.	11°44	Waage
1.10.	13°31	Waage
1.11.	15°27	Waage
1.12.	17°03	Waage

1972

1. 1.	18°05	Waage
23.1.R	18°20	Waage
1. 2.	18°17	Waage
1. 3.	17°42	Waage
1. 4.	16°30	Waage
1. 5.	15°16	Waage
1. 6.	14°23	Waage
21.6.D	14°12	Waage
1. 7.	14°14	Waage
1. 8.	14°54	Waage
1. 9.	16°16	Waage
1.10.	18°01	Waage
1.11.	19°57	Waage
1.12.	21°36	Waage

1973

1. 1.	22°45	Waage
27.1.R	23°04	Waage
1. 2.	23°03	Waage
1. 3.	22°35	Waage
1. 4.	21°28	Waage
1. 5.	20°12	Waage
1. 6.	19°13	Waage
26.6.D	18°56	Waage
1. 7.	18°57	Waage

1. 8.	19°28	Waage
1. 9.	20°44	Waage
1.10.	22°26	Waage
1.11.	24°23	Waage
1.12.	26°05	Waage

1974

1. 1.	27°20	Waage
31.1.R	27°47	Waage
1. 2.	27°47	Waage
1. 3.	27°26	Waage
1. 4.	26°23	Waage
1. 5.	25°08	Waage
1. 6.	24°04	Waage
1. 7.D	23°40	Waage
1. 8.	24°03	Waage
1. 9.	25°12	Waage
1.10.	26°51	Waage
1.11.	28°46	Waage
22.11.	0°02	Skorpion
1.12.	0°32	Skorpion

1975

1. 1.	1°53	Skorpion
1. 2.	2°28	Skorpion
5. 2.	2°29	Skorpion
1. 3.	2°14	Skorpion
1. 4.	1°17	Skorpion
1. 5.	0°02	Skorpion
2. 5.	29°59	Waage
1. 6.	28°54	Waage
1. 7.	28°23	Waage
7. 7.D	28°22	Waage
1. 8.	28°38	Waage
1. 9.	29°40	Waage
9. 7.	0°02	Skorpion
1.10.	1°14	Skorpion
1.11.	3°09	Skorpion
1.12.	4°56	Skorpion

1976

1. 1.	6°23	Skorpion
1. 2.	7°06	Skorpion
10.2.R	7°09	Skorpion
1. 3.	6°59	Skorpion
1. 4.	6°07	Skorpion
1. 5.	4°52	Skorpion
1. 6.	3°42	Skorpion
1. 7.	3°05	Skorpion
11.7.D	3°02	Skorpion
1. 8.	3°13	Skorpion
1. 9.	4°10	Skorpion
1.10.	5°40	Skorpion
1.11.	7°33	Skorpion
1.12.	9°23	Skorpion

1977

1. 1.	10°53	Skorpion
1. 2.	11°42	Skorpion
14.2.R	11°47	Skorpion
1. 3.	11°42	Skorpion
1. 4.	10°56	Skorpion
1. 5.	9°44	Skorpion
1. 6.	8°31	Skorpion
1. 7.	7°47	Skorpion
16.7.D	7°41	Skorpion
1. 8.	7°48	Skorpion
1. 9.	8°37	Skorpion
1.10.	10°02	Skorpion
1.11.	11°53	Skorpion
1.12.	13°43	Skorpion

1978

1. 1.	15°19	Skorpion
1. 2.	16°15	Skorpion
19.2.R	16°24	Skorpion
1. 3.	16°22	Skorpion
1. 4.	15°43	Skorpion
1. 5.	14°34	Skorpion
1. 6.	13°19	Skorpion
1. 7.	12°30	Skorpion
21.7.D	12°19	Skorpion
1. 8.	12°22	Skorpion
1. 9.	13°03	Skorpion
1.10.	14°23	Skorpion
1.11.	16°12	Skorpion
1.12.	18°03	Skorpion

1979

1. 1.	19°42	Skorpion

1. 2.	20°45 Skorpion
24.2.R	21°00 Skorpion
1. 3.	20°59 Skorpion
1. 4.	20°28 Skorpion
1. 5.	19°22 Skorpion
1. 6.	18°06 Skorpion
1. 7.	17°12 Skorpion
26.7.D	16°55 Skorpion
1. 8.	16°56 Skorpion
1. 9.	17°30 Skorpion
1.10.	18°44 Skorpion
1.11.	20°29 Skorpion
1.12.	22°20 Skorpion

1980

1. 1.	24°03 Skorpion
1. 2.	25°12 Skorpion
29.2.R	25°34 Skorpion
1. 3.	25°34 Skorpion
1. 4.	25°08 Skorpion
1. 5.	24°06 Skorpion
1. 6.	22°50 Skorpion
1. 7.	21°52 Skorpion
30.7.D	21°30 Skorpion
1. 8.	21°30 Skorpion
1. 9.	21°57 Skorpion
1.10.	23°06 Skorpion
1.11.	24°49 Skorpion
1.12.	26°40 Skorpion

1981

1. 1.	28°25 Skorpion
1. 2.	29°39 Skorpion
18.2.	0°01 Schütze
1. 3.	0°06 Schütze
21.3.	29°59 Skorpion
1. 4.	29°48 Skorpion
1. 5.	28°51 Skorpion
1. 6.	27°35 Skorpion
1. 7.	26°32 Skorpion
1. 8.	26°03 Skorpion
4. 8.R	26°03 Skorpion
1. 9.	26°23 Skorpion
1.10.	27°25 Skorpion
1.11.	29°04 Skorpion
17.11.	0°02 Schütze
1.12.	0°54 Schütze

1982

1. 1.	2°41 Schütze
1. 2.	4°01 Schütze
1. 3.	4°35 Schütze
9. 3.	4°38 Schütze
1. 4.	4°25 Schütze
1. 5.	3°33 Schütze
1. 6.	2°18 Schütze
1. 7.	1°12 Schütze
1. 8.	0°36 Schütze
9. 8.D	0°35 Schütze
1. 9.	0°48 Schütze
1.10.	1°44 Schütze
1.11.	3°18 Schütze
1.12.	5°06 Schütze

1983

1. 1.	6°56 Schütze
1. 2.	8°21 Schütze
1. 3.	9°02 Schütze
14.3.R	9°07 Schütze
1. 4.	8°59 Schütze
1. 5.	8°13 Schütze
1. 6.	6°59 Schütze
1. 7.	5°51 Schütze
1. 8.	5°09 Schütze
14.8.D	5°04 Schütze
1. 9.	5°12 Schütze
1.10.	6°01 Schütze
1.11.	7°30 Schütze
1.12.	9°17 Schütze

1984

1. 1.	11°08 Schütze
1. 2.	12°38 Schütze
1. 3.	13°26 Schütze
18.3.R	13°34 Schütze
1. 4.	13°29 Schütze
1. 5.	12°48 Schütze
1. 6.	11°36 Schütze
1. 7.	10°26 Schütze
1. 8.	9°39 Schütze

18.8.D 9°32 Schütze
1. 9. 9°37 Schütze
1.10. 10°20 Schütze
1.11. 11°45 Schütze
1.12. 13°30 Schütze

1985
1. 1. 15°22 Schütze
1. 2. 16°55 Schütze
1. 3. 17°46 Schütze
22.3.R 17°59 Schütze
1. 4. 17°57 Schütze
1. 5. 17°22 Schütze
1. 6. 16°14 Schütze
1. 7. 15°02 Schütze
1. 8. 14°10 Schütze
22.8.D 13°58 Schütze
1. 9. 14°00 Schütze
1.10. 14°36 Schütze
1.11. 15°55 Schütze
1.12. 17°38 Schütze

1986
1. 1. 19°30 Schütze
1. 2. 21°07 Schütze
1. 3. 22°04 Schütze
27.3.R 22°22 Schütze
1. 4. 22°22 Schütze
1. 5. 21°53 Schütze
1. 6. 20°49 Schütze
1. 7. 19°36 Schütze
1. 8. 18°39 Schütze
27.8.D 18°22 Schütze
1. 9. 18°22 Schütze
1.10. 18°51 Schütze
1.11. 20°04 Schütze
1.12. 21°44 Schütze

1987
1. 1. 23°36 Schütze
1. 2. 25°16 Schütze
1. 3. 26°18 Schütze
1. 4.R 26°44 Schütze
1. 5. 26°22 Schütze
1. 6. 25°21 Schütze
1. 7. 24°09 Schütze
1. 8. 23°07 Schütze
1. 9.D 22°43 Schütze
1.10. 23°05 Schütze
1.11. 24°12 Schütze
1.12. 25°48 Schütze

1988
1. 1. 27°40 Schütze
1. 2. 29°22 Schütze
16.2. 0°02 Steinbock
1. 3. 0°32 Steinbock
1. 4. 1°03 Steinbock
4. 4.R 1°03 Steinbock
1. 5. 0°46 Steinbock
28.5. 29°58 Schütze
1. 6. 29°49 Schütze
1. 7. 28°37 Schütze
1. 8. 27°33 Schütze
1. 9. 27°03 Schütze
5. 9.D 27°03 Schütze
1.10. 27°19 Schütze
1.11. 28°22 Schütze
1.12. 29°54 Schütze
3.12. 0°01 Steinbock

1989
1. 1. 1°45 Steinbock
1. 2. 3°30 Steinbock
1. 3. 4°40 Steinbock
1. 4. 5°18 Steinbock
9. 4.R 5°20 Steinbock
1. 5. 5°08 Steinbock
1. 6. 4°17 Steinbock
1. 7. 3°06 Steinbock
1. 8. 1°58 Steinbock
1. 9. 1°22 Steinbock
10.9.D 1°20 Steinbock
1.10. 1°31 Steinbock
1.11. 2°27 Steinbock
1.12. 3°56 Steinbock

1990
1. 1. 5°45 Steinbock
1. 2. 7°32 Steinbock

1. 3.	8°47 Steinbock
1. 4.	9°31 Steinbock
13.4.R	9°35 Steinbock
1. 5.	9°28 Steinbock
1. 6.	8°42 Steinbock
1. 7.	7°33 Steinbock
1. 8.	6°23 Steinbock
1. 9.	5°41 Steinbock
14.9.D	5°36 Steinbock
1.10.	5°43 Steinbock
1.11.	6°32 Steinbock
1.12.	7°56 Steinbock

1991

1. 1.	9°44 Steinbock
1. 2.	11°32 Steinbock
1. 3.	12°50 Steinbock
1. 4.	13°42 Steinbock
18.4.R	15°46 Steinbock
1. 5.	13°45 Steinbock
1. 6.	13°05 Steinbock
1. 7.	11°58 Steinbock
1. 8.	10°46 Steinbock
1. 9.	9°59 Steinbock
19.9.D	9°50 Steinbock
1.10.	9°53 Steinbock
1.11.	10°36 Steinbock
1.12.	11°55 Steinbock

1992

1. 1.	13°41 Steinbock
1. 2.	15°30 Steinbock
1. 3.	16°54 Steinbock
1. 4.	17°50 Steinbock
21.4.R	18°01 Steinbock
1. 5.	17°59 Steinbock
1. 6.	17°32 Steinbock
1. 7.	16°19 Steinbock
1. 8.	15°06 Steinbock
1. 9.	14°15 Steinbock
22.9.D	14°03 Steinbock
1.10.	14°04 Steinbock
1.11.	14°41 Steinbock
1.12.	15°57 Steinbock

1993

1. 1.	17°40 Steinbock
1. 2.	19°29 Steinbock
1. 3.	20°54 Steinbock
1. 4.	21°55 Steinbock
22.4.R	22°11 Steinbock
1. 5.	22°11 Steinbock
1. 6.	21°41 Steinbock
1. 7.	20°40 Steinbock
1. 8.	19°27 Steinbock
1. 9.	18°31 Steinbock
27.9.D	18°14 Steinbock
1.10.	18°14 Steinbock
1.11.	18°44 Steinbock
1.12.	19°54 Steinbock

Wo steht die Sonne in Ihrem Horoskop? Eine Tabelle zur Bestimmung Ihres Sonnenstands

Stellen Sie in der folgenden Tabelle fest, bei wieviel Grad Ihre Geburtssonne steht. Die Angaben sind auf 1 Grad genau.
Sehen Sie dann in den Tabellen über die Sonne in den Zeichen und in den Dekaden sowie Zwölfteln nach, was Ihr persönlicher Sonnenstand aussagt.

Der ungefähre Sonnenstand bei Ihrer Geburt
Die tatsächlichen persönlichen Daten weichen nicht mehr als höchstens 1 Grad von den angegebenen Gradzahlen ab!

1.1.	10–11 Grad Steinbock
2.1.	11–12 Grad Steinbock
3.1.	12–13 Grad Steinbock
4.1.	13–14 Grad Steinbock
5.1.	14–15 Grad Steinbock
6.1.	15–16 Grad Steinbock
7.1.	16–17 Grad Steinbock
8.1.	17–18 Grad Steinbock
9.1.	18–19 Grad Steinbock
10.1.	19–20 Grad Steinbock
11.1.	20–21 Grad Steinbock
12.1.	21–22 Grad Steinbock
13.1.	22–23 Grad Steinbock
14.1.	23–24 Grad Steinbock
15.1.	24–25 Grad Steinbock
16.1.	25–26 Grad Steinbock
17.1.	26–27 Grad Steinbock
18.1.	27–28 Grad Steinbock
19.1.	28–29 Grad Steinbock
20.1.	29–30 Grad Steinbock
21.1.	30 Grad Steinbock – 1 Grad Wassermann
22.1.	1–02 Grad Wassermann
23.1.	2–03 Grad Wassermann
24.1.	3–04 Grad Wassermann
25.1.	4–05 Grad Wassermann
26.1.	5–06 Grad Wassermann
27.1.	6–07 Grad Wassermann
28.1.	7–08 Grad Wassermann
29.1.	8–09 Grad Wassermann
30.1.	9–10 Grad Wassermann
31.1.	10–11 Grad Wassermann
1.2.	11–12 Grad Wassermann
2.2.	12–13 Grad Wassermann
3.2.	13–14 Grad Wassermann
4.2.	14–15 Grad Wassermann
5.2.	15–16 Grad Wassermann
6.2.	16–17 Grad Wassermann
7.2.	17–18 Grad Wassermann
8.2.	18–19 Grad Wassermann
9.2.	19–20 Grad Wassermann
10.2.	20–21 Grad Wassermann
11.2.	21–22 Grad Wassermann
12.2.	22–23 Grad Wassermann
13.2.	23–24 Grad Wassermann
14.2.	24–25 Grad Wassermann
15.2.	25–26 Grad Wassermann
16.2.	26–27 Grad Wassermann
17.2.	27–28 Grad Wassermann
18.2.	28–29 Grad Wassermann

19.2. 29–30 Grad Wassermann
20.2. 30 Grad Wassermann – 1 Grad Fische
21.2. 1–02 Grad Fische
22.2. 2–03 Grad Fische
23.2. 3–04 Grad Fische
24.2. 4–05 Grad Fische
25.2. 5–06 Grad Fische
26.2. 6–07 Grad Fische
27.2. 7–08 Grad Fische
28.2. 8–09 Grad Fische
29.2. 9–10 Grad Fische

1.3. 10–11 Grad Fische
2.3. 11–12 Grad Fische
3.3. 12–13 Grad Fische
4.3. 13–14 Grad Fische
5.3. 14–15 Grad Fische
6.3. 15–16 Grad Fische
7.3. 16–17 Grad Fische
8.3. 17–18 Grad Fische
9.3. 18–19 Grad Fische
10.3. 19–20 Grad Fische
11.3. 20–21 Grad Fische
12.3. 21–22 Grad Fische
13.3. 22–23 Grad Fische
14.3. 23–24 Grad Fische
15.3. 24–25 Grad Fische
16.3. 25–26 Grad Fische
17.3. 26–27 Grad Fische
18.3. 27–28 Grad Fische
19.3. 28–29 Grad Fische
20.3. 29–30 Grad Fische
21.3. 30 Grad Fische – 01 Grad Widder
22.3. 1–02 Grad Widder
23.3. 2–03 Grad Widder
24.3. 3–04 Grad Widder
25.3. 4–05 Grad Widder
26.3. 5–06 Grad Widder
27.3. 6–07 Grad Widder
28.3. 7–08 Grad Widder
29.3. 8–09 Grad Widder
30.3. 9–10 Grad Widder
31.3. 10–11 Grad Widder

1.4. 11–12 Grad Widder
2.4. 12–13 Grad Widder
3.4. 13–14 Grad Widder
4.4. 14–15 Grad Widder
5.4. 15–16 Grad Widder
6.4. 16–17 Grad Widder
7.4. 17–18 Grad Widder
8.4. 18–19 Grad Widder
9.4. 19–20 Grad Widder
10.4. 20–21 Grad Widder
11.4. 21–22 Grad Widder
12.4. 22–23 Grad Widder
13.4. 23–24 Grad Widder
14.4. 24–25 Grad Widder
15.4. 25–26 Grad Widder
16.4. 26–27 Grad Widder
17.4. 27–28 Grad Widder
18.4. 28–29 Grad Widder
19.4. 29–30 Grad Widder
20.4. 30 Grad Widder – 1 Grad Stier
21.4. 0–01 Grad Stier
22.4. 1–02 Grad Stier
23.4. 2–03 Grad Stier
24.4. 3–04 Grad Stier
25.4. 4–05 Grad Stier
26.4. 5–06 Grad Stier
27.4. 6–07 Grad Stier
28.4. 7–08 Grad Stier
29.4. 8–09 Grad Stier
30.4. 9–10 Grad Stier

1.5. 10–11 Grad Stier
2.5. 11–12 Grad Stier
3.5. 12–13 Grad Stier
4.5. 13–14 Grad Stier
5.5. 14–15 Grad Stier
6.5. 15–16 Grad Stier
7.5. 16–17 Grad Stier

8.5. 17–18 Grad Stier
9.5. 18–19 Grad Stier
10.5. 19–20 Grad Stier
11.5. 20–21 Grad Stier
12.5. 21–22 Grad Stier
13.5. 22–23 Grad Stier
14.5. 23–24 Grad Stier
15.5. 24–25 Grad Stier
16.5. 25–26 Grad Stier
17.5. 26–27 Grad Stier
18.5. 27–28 Grad Stier
19.5. 28–29 Grad Stier
20.5. 29–30 Grad Stier
21.5. 30 Grad Stier – 1 Grad Zwillinge
22.5. 0–01 Grad Zwillinge
23.5. 1–02 Grad Zwillinge
24.5. 2–03 Grad Zwillinge
25.5. 3–04 Grad Zwillinge
26.5. 4–05 Grad Zwillinge
27.5. 5–06 Grad Zwillinge
28.5. 6–07 Grad Zwillinge
29.5. 7–08 Grad Zwillinge
30.5. 8–09 Grad Zwillinge
31.5. 9–10 Grad Zwillinge

1.6. 10–11 Grad Zwillinge
2.6. 11–12 Grad Zwillinge
3.6. 12–13 Grad Zwillinge
4.6. 13–14 Grad Zwillinge
5.6. 14–15 Grad Zwillinge
6.6. 15–16 Grad Zwillinge
7.6. 16–17 Grad Zwillinge
8.6. 17–18 Grad Zwillinge
9.6. 18–19 Grad Zwillinge
10.6. 19–20 Grad Zwillinge
11.6. 20–21 Grad Zwillinge
12.6. 21–22 Grad Zwillinge
13.6. 22–23 Grad Zwillinge
14.6. 23–24 Grad Zwillinge
15.6. 24–25 Grad Zwillinge
16.6. 25–26 Grad Zwillinge
17.6. 26–27 Grad Zwillinge
18.6. 27–28 Grad Zwillinge
19.6. 28–29 Grad Zwillinge
20.6. 29–30 Grad Zwillinge
21.6. 30 Grad Zwillinge – 1 Grad Krebs
22.6. 0–01 Grad Krebs
23.6. 1–02 Grad Krebs
24.6. 2–03 Grad Krebs
25.6. 3–04 Grad Krebs
26.6. 4–05 Grad Krebs
27.6. 5–06 Grad Krebs
28.6. 6–07 Grad Krebs
29.6. 7–08 Grad Krebs
30.6. 8–09 Grad Krebs

1.7. 9–10 Grad Krebs
2.7. 10–11 Grad Krebs
3.7. 11–12 Grad Krebs
4.7. 12–13 Grad Krebs
5.7. 13–14 Grad Krebs
6.7. 14–15 Grad Krebs
7.7. 15–16 Grad Krebs
8.7. 16–17 Grad Krebs
9.7. 17–18 Grad Krebs
10.7. 18–19 Grad Krebs
11.7. 19–20 Grad Krebs
12.7. 20–21 Grad Krebs
13.7. 21–22 Grad Krebs
14.7. 22–23 Grad Krebs
15.7. 23–24 Grad Krebs
16.7. 24–25 Grad Krebs
17.7. 25–26 Grad Krebs
18.7. 26–27 Grad Krebs
19.7. 27–28 Grad Krebs
20.7. 28–29 Grad Krebs
21.7. 29–30 Grad Krebs
22.7. 30 Grad Krebs – 1 Löwe
23.7. 0–01 Grad Löwe
24.7. 1–02 Grad Löwe
25.7. 2–03 Grad Löwe
26.7. 3–04 Grad Löwe

27.7. 4–05 Grad Löwe
28.7. 5–06 Grad Löwe
29.7. 6–07 Grad Löwe
30.7. 7–08 Grad Löwe
31.7. 8–09 Grad Löwe

1.8. 9–10 Grad Löwe
2.8. 10–11 Grad Löwe
3.8. 11–12 Grad Löwe
4.8. 12–13 Grad Löwe
5.8. 13–14 Grad Löwe
6.8. 14–15 Grad Löwe
7.8. 15–16 Grad Löwe
8.8. 16–17 Grad Löwe
9.8. 17–18 Grad Löwe
10.8. 18–19 Grad Löwe
11.8. 19–20 Grad Löwe
12.8. 20–21 Grad Löwe
13.8. 21–22 Grad Löwe
14.8. 22–23 Grad Löwe
15.8. 23–24 Grad Löwe
16.8. 24–25 Grad Löwe
17.8. 25–26 Grad Löwe
18.8. 26–27 Grad Löwe
19.8. 27–28 Grad Löwe
20.8. 28–29 Grad Löwe
21.8. 29–30 Grad Löwe
22.8. 30 Grad Löwe – 1 Grad Jungfrau
23.8. 0 Grad Löwe – 1 Grad Jungfrau
24.8. 1–02 Grad Jungfrau
25.8. 2–03 Grad Jungfrau
26.8. 3–04 Grad Jungfrau
27.8. 4–05 Grad Jungfrau
28.8. 5–06 Grad Jungfrau
29.8. 6–07 Grad Jungfrau
30.8. 7–08 Grad Jungfrau
31.8. 8–09 Grad Jungfrau

1.9. 9–10 Grad Jungfrau
2.9. 10–11 Grad Jungfrau
3.9. 11–12 Grad Jungfrau
4.9. 12–13 Grad Jungfrau
5.9. 13–14 Grad Jungfrau
6.9. 14–15 Grad Jungfrau
7.9. 15–16 Grad Jungfrau
8.9. 16–17 Grad Jungfrau
9.9. 17–18 Grad Jungfrau
10.9. 18–19 Grad Jungfrau
11.9. 19–20 Grad Jungfrau
12.9. 20–21 Grad Jungfrau
13.9. 21–22 Grad Jungfrau
14.9. 22–23 Grad Jungfrau
15.9. 23–24 Grad Jungfrau
16.9. 24–25 Grad Jungfrau
17.9. 25–26 Grad Jungfrau
18.9. 26–27 Grad Jungfrau
19.9. 27–28 Grad Jungfrau
20.9. 28–29 Grad Jungfrau
21.9. 29–30 Grad Jungfrau
22.9. 30 Grad Jungfrau – 1 Grad Waage
23.9. 0–01 Grad Waage
24.9. 1–02 Grad Waage
25.9. 2–03 Grad Waage
26.9. 3–04 Grad Waage
27.9. 4–05 Grad Waage
28.9. 5–06 Grad Waage
29.9. 6–07 Grad Waage
30.9. 7–08 Grad Waage

1.10. 8–09 Grad Waage
2.10. 9–10 Grad Waage
3.10. 10–11 Grad Waage
4.10. 11–12 Grad Waage
5.10. 12–13 Grad Waage
6.10. 13–14 Grad Waage
7.10. 14–15 Grad Waage
8.10. 15–16 Grad Waage
9.10. 16–17 Grad Waage
10.10. 17–18 Grad Waage
11.10. 18–19 Grad Waage
12.10. 19–20 Grad Waage
13.10. 20–21 Grad Waage

14.10. 21–22 Grad Waage
15.10. 22–23 Grad Waage
16.10. 23–24 Grad Waage
17.10. 24–25 Grad Waage
18.10. 25–26 Grad Waage
19.10. 26–27 Grad Waage
20.10. 27–28 Grad Waage
21.10. 28–29 Grad Waage
22.10. 29–30 Grad Waage
23.10. 30 Grad Waage – 1 Grad Skorpion
24.10. 1–02 Grad Skorpion
25.10. 2–03 Grad Skorpion
26.10. 3–04 Grad Skorpion
27.10. 4–05 Grad Skorpion
28.10. 5–06 Grad Skorpion
29.10. 6–07 Grad Skorpion
30.10. 7–08 Grad Skorpion
31.10. 8–09 Grad Skorpion

1.11. 9–10 Grad Skorpion
2.11. 10–11 Grad Skorpion
3.11. 11–12 Grad Skorpion
4.11. 12–13 Grad Skorpion
5.11. 13–14 Grad Skorpion
6.11. 14–15 Grad Skorpion
7.11. 15–16 Grad Skorpion
8.11. 16–17 Grad Skorpion
9.11. 17–18 Grad Skorpion
10.11. 18–19 Grad Skorpion
11.11. 19–20 Grad Skorpion
12.11. 20–21 Grad Skorpion
13.11. 21–22 Grad Skorpion
14.11. 22–23 Grad Skorpion
15.11. 23–24 Grad Skorpion
16.11. 24–25 Grad Skorpion
17.11. 25–26 Grad Skorpion
18.11. 26–27 Grad Skorpion
19.11. 27–28 Grad Skorpion
20.11. 28–29 Grad Skorpion
21.11. 29–30 Grad Skorpion
22.11. 30 Grad Skorpion – 1 Grad Schütze
23.11. 1–02 Grad Schütze
24.11. 2–03 Grad Schütze
25.11. 3–04 Grad Schütze
26.11. 4–05 Grad Schütze
27.11. 5–06 Grad Schütze
28.11. 6–07 Grad Schütze
29.11. 7–08 Grad Schütze
30.11. 8–09 Grad Schütze

1.12. 9–10 Grad Schütze
2.12. 10–11 Grad Schütze
3.12. 11–12 Grad Schütze
4.12. 12–13 Grad Schütze
5.12. 13–14 Grad Schütze
6.12. 14–15 Grad Schütze
7.12. 15–16 Grad Schütze
8.12. 16–17 Grad Schütze
9.12. 17–18 Grad Schütze
10.12. 18–19 Grad Schütze
11.12. 19–20 Grad Schütze
12.12. 20–21 Grad Schütze
13.12. 21–22 Grad Schütze
14.12. 22–23 Grad Schütze
15.12. 23–24 Grad Schütze
16.12. 24–25 Grad Schütze
17.12. 25–26 Grad Schütze
18.12. 26–27 Grad Schütze
19.12. 27–28 Grad Schütze
20.12. 28–29 Grad Schütze
21.12. 29 Grad Schütze – 1 Grad Steinbock
22.12. 1–02 Grad Steinbock
23.12. 2–03 Grad Steinbock
24.12. 3–04 Grad Steinbock
25.12. 4–05 Grad Steinbock
26.12. 5–06 Grad Steinbock
27.12. 6–07 Grad Steinbock
28.12. 7–08 Grad Steinbock
29.12. 8–09 Grad Steinbock
30.12. 9–10 Grad Steinbock
31.12. 10–11 Grad Steinbock

Tabelle zur Bestimmung des ungefähren Aszendenten

Sie sollten Ihren Aszendenten genau ausrechnen lassen. Dazu braucht man die Angaben zum Geburtstag, zum Geburtsort und zur Geburtszeit, am besten auf mindestens fünf Minuten genau. Auf die Angaben der Eltern ist erfahrungsgemäß leider wenig Verlaß. Am besten schreiben Sie an das Standesamt Ihres Geburtsorts und bitten um die offizielle Eintragung der Geburtszeit im amtlichen Register. Legen Sie einen adressierten und frankierten Rückumschlag bei.
Damit Sie nun aber wenigstens ungefähr Ihren persönlichsten Punkt im Horoskop, Ihren Aszendenten, kennen, ist hier eine Tabelle abgedruckt, aus der Sie ihn in etwa ablesen können. Ungenauigkeiten ergeben sich nicht nur dadurch, daß Sie selbst Ihre Geburtszeit vielleicht nicht genau wissen, sondern auch dadurch, daß der Aszendent von der geographischen Position auf der Erde abhängt. Wenn ein Mensch um 9 Uhr früh am 2. April in Berlin geboren wird, so ist sein Aszendent anders als der von jemandem, der zwar genau zur selben Minute geboren wurde, aber zum Beispiel sehr viel weiter westlich und südlich, also etwa in Zürich. Hundertprozentig genau kann die folgende Tabelle nicht sein – sonst müßten mehrere Tabellen für die verschiedenen geographischen Positionen in Mitteleuropa abgedruckt sein –, aber sie reicht, um den Aszendenten und die Häuserpositionen in etwa zu bestimmen. Nach diesen notwendigen Vorbemerkungen nun zur Schnellbestimmung Ihres Aszendenten.
Die Tabelle gilt für Mitteleuropa. Die Geburtstage sind pro Tierkreiszeichen in drei »Dekaden« aufgeteilt.

- Sie kennen Ihren Geburtstag.
- Sie kennen (bzw. vermuten) Ihre Geburtszeit. Runden Sie diese auf fünf Minuten ab oder auf.
- Prüfen Sie in einer Sommerzeittabelle, ob es an Ihrem Geburtstag eine sogenannte Sommerzeit gab. Falls ja, müssen Sie von Ihrer Geburtszeit eine Stunde abziehen!
- Suchen Sie Ihren Geburtstag in der richtigen Dekade in der Tabelle.
- Suchen Sie unter der Spanne der Uhrzeiten, die dort angegeben sind, die Spanne, in welche Ihre Geburtszeit fällt (die eventuell bereits um die minus eine Stunde Sommerzeit korrigiert wurde).

- Lesen Sie ab, welches Tierkreiszeichen an Ihrem Aszendenten stand.
- Sie können auch abschätzen, ob Ihr Aszendent mehr am Anfang, in der Mitte oder am Ende des Zeichens stand, je nachdem, ob sich Ihre Geburtszeit mehr am Anfang, in der Mitte oder am Ende der angegebenen Zeitspanne befindet.

Widder

Geburtstag	21.3.–31.3.	01.4.–10.4.	11.4.–20.4.
Aszendent	Geburtszeit	Geburtszeit	Geburtszeit
Widder	06h30–07h30	06h00–07h00	05h15–06h15
Stier	07h30–08h45	07h00–08h15	06h15–07h30
Zwillinge	08h45–10h30	08h15–10h00	07h30–09h15
Krebs	10h30–13h00	10h00–12h30	09h15–11h45
Löwe	13h00–15h45	12h30–15h15	11h45–14h30
Jungfrau	15h45–18h30	15h15–18h00	14h30–17h15
Waage	18h30–21h15	18h00–20h45	17h15–20h00
Skorpion	21h15–24h00	20h45–23h30	20h00–22h45
Schütze	00h00–02h30	23h30–02h00	22h45–01h15
Steinbock	02h30–04h15	02h00–03h45	01h15–03h00
Wassermann	04h15–05h30	03h45–05h00	03h00–04h15
Fische	05h30–06h30	05h00–06h00	04h15–05h15

Stier

Geburtstag	21.4.–30.4.	01.5.–10.5.	11.5.–21.5.
Aszendent	Geburtszeit	Geburtszeit	Geburtszeit
Widder	04h30–05h30	04h00–05h00	03h30–04h30
Stier	05h30–06h45	05h00–06h15	04h30–05h45
Zwillinge	06h45–08h30	06h15–08h00	05h45–07h30
Krebs	08h30–11h00	08h00–10h30	07h30–10h00
Löwe	11h00–13h45	10h30–13h15	10h00–12h45
Jungfrau	13h45–16h30	13h15–16h00	12h45–15h30
Waage	16h30–19h15	16h00–18h45	15h30–18h15
Skorpion	19h15–22h00	18h45–21h30	18h15–21h00
Schütze	22h00–00h30	21h30–24h00	21h00–23h30
Steinbock	00h30–02h15	00h00–01h45	23h30–01h15
Wassermann	02h15–03h30	01h45–03h00	01h15–02h30
Fische	03h30–04h30	03h00–04h00	02h30–03h30

Zwillinge

Geburtstag	22.5.–31.5.	01.6.–10.6.	11.6.–21.6.
Aszendent	Geburtszeit	Geburtszeit	Geburtszeit

Widder	03h00–04h00	02h30–03h30	01h45–02h45
Stier	04h00–05h15	03h30–04h45	02h45–04h00
Zwillinge	05h15–07h00	04h45–06h30	04h00–05h45
Krebs	07h00–09h30	06h30–09h00	05h45–08h15
Löwe	09h30–12h15	09h00–11h45	08h15–11h00
Jungfrau	12h15–15h00	11h45–14h30	11h00–13h45
Waage	15h00–17h45	14h30–17h15	13h45–16h30
Skorpion	17h45–20h30	17h15–20h00	16h30–19h15
Schütze	20h30–23h00	20h00–22h30	19h15–21h45
Steinbock	23h00–00h45	22h30–00h15	21h45–23h30
Wassermann	00h45–02h00	00h15–01h30	23h30–00h45
Fische	02h00–03h00	01h30–02h30	00h45–01h45

Krebs

Geburtstag	22.6.–30.6.	01.07.–11.7.	12.7.–22.7.
Aszendent	Geburtszeit	Geburtszeit	Geburtszeit
Widder	01h00–02h00	00h30–01h30	00h00–01h00
Stier	02h00–03h15	01h30–02h45	01h00–02h15
Zwillinge	03h15–05h00	02h45–04h30	02h15–04h00
Krebs	05h00–07h30	04h30–07h00	04h00–06h30
Löwe	07h30–10h15	07h00–09h45	06h30–09h15
Jungfrau	10h15–13h00	09h45–12h30	09h15–12h00
Waage	13h00–15h45	12h30–15h15	12h00–14h45
Skorpion	15h45–18h30	15h15–18h00	14h45–17h30
Schütze	18h30–21h00	18h00–20h30	17h30–20h00
Steinbock	21h00–22h45	20h30–22h15	20h00–21h45
Wassermann	22h45–24h00	22h15–23h30	21h45–23h00
Fische	00h00–01h00	23h30–00h30	23h00–24h00

Löwe

Geburtstag	23.7.–31.7.	01.8.–11.8.	12.8.–22.8.
Aszendent	Geburtszeit	Geburtszeit	Geburtszeit
Widder	22h45–23h45	22h15–23h15	21h30–22h30
Stier	23h45–01h00	23h15–00h30	22h30–23h45
Zwillinge	01h00–02h45	00h30–02h15	23h45–01h30
Krebs	02h45–05h15	02h15–04h45	01h30–04h00
Löwe	05h15–08h00	04h45–07h30	04h00–06h45
Jungfrau	08h00–10h45	07h30–10h15	06h45–09h30
Waage	10h45–13h30	10h15–13h00	09h30–12h15
Skorpion	13h30–16h15	13h00–15h45	12h15–15h00
Schütze	16h15–18h45	15h45–18h15	15h00–17h30

Steinbock	18h45–20h30	18h15–20h00	17h30–19h15
Wassermann	20h30–21h45	20h00–21h15	19h15–20h30
Fische	21h45–22h45	21h15–22h15	20h30–21h30

Jungfrau

Geburtstag	24.8.–31.8.	01.9.–11.9.	12.9.–22.9.
Aszendent	Geburtszeit	Geburtszeit	Geburtszeit
Widder	20h30–21h30	20h00–21h00	19h15–20h15
Stier	21h30–22h45	21h00–22h15	20h15–21h30
Zwillinge	22h45–00h30	22h15–24h00	21h30–23h15
Krebs	00h30–03h00	00h00–02h30	23h15–01h45
Löwe	03h00–05h45	02h30–05h15	01h45–04h30
Jungfrau	05h45–08h30	05h15–08h00	04h30–07h15
Waage	08h30–11h15	08h00–10h45	07h15–10h00
Skorpion	11h15–14h00	10h45–13h30	10h00–12h45
Schütze	14h00–16h30	13h30–16h00	12h45–15h15
Steinbock	16h30–18h15	16h00–17h45	15h15–17h00
Wassermann	18h15–20h30	17h45–19h00	17h00–18h15
Fische	19h30–20h30	19h00–20h00	18h15–19h15

Waage

Geburtstag	23.9.–30.9.	01.10.–11.10.	12.10.–23.10.
Aszendent	Geburtszeit	Geburtszeit	Geburtszeit
Widder	18h30–19h30	18h00–19h00	17h15–18h15
Stier	19h30–20h45	19h00–20h15	18h15–19h30
Zwillinge	20h45–22h30	20h15–22h00	19h30–21h15
Krebs	22h30–01h00	22h00–00h30	21h15–23h45
Löwe	01h00–03h45	00h30–03h15	23h45–02h30
Jungfrau	03h45–06h30	03h15–06h00	02h30–05h15
Waage	06h30–09h15	06h00–08h45	05h15–08h00
Skorpion	09h15–12h00	08h45–11h30	08h00–10h45
Schütze	12h00–14h30	11h30–14h00	10h45–13h15
Steinbock	14h30–16h15	14h00–15h45	13h15–15h00
Wassermann	16h15–17h30	15h45–17h00	15h00–16h15
Fische	17h30–18h30	17h00–18h00	16h15–17h15

Skorpion

Geburtstag	24.10.–31.10.	01.11.–11.11.	12.11.–22.11.
Aszendent	Geburtszeit	Geburtszeit	Geburtszeit
Widder	16h30–17h30	15h45–16h45	15h15–16h15
Stier	17h30–18h45	16h45–18h00	16h15–17h30

Zwillinge	18h45–20h30	18h00–19h45	17h30–19h15
Krebs	20h30–23h00	19h45–22h15	19h15–21h45
Löwe	23h00–01h45	22h15–01h00	21h45–00h30
Jungfrau	01h45–04h30	01h00–03h45	00h30–03h15
Waage	04h30–07h15	03h45–06h30	03h15–06h00
Skorpion	07h15–10h00	06h30–09h15	06h00–08h45
Schütze	10h00–12h30	09h15–11h45	08h45–11h15
Steinbock	12h30–14h15	11h45–13h30	11h15–13h00
Wassermann	14h15–15h30	13h30–15h45	13h00–14h15
Fische	15h30–16h30	14h45–15h45	14h15–15h15

Schütze

Geburtstag	23.11.–30.11.	01.12.–11.12.	12.12.–21.12.
Aszendent	Geburtszeit	Geburtszeit	Geburtszeit
Widder	14h30–15h30	13h45–14h45	13h15–14h15
Stier	15h30–16h45	14h45–16h00	14h15–15h30
Zwillinge	16h45–18h30	16h00–17h45	15h30–17h15
Krebs	18h30–21h00	17h45–20h15	17h15–19h45
Löwe	21h00–23h45	20h15–23h00	19h45–22h30
Jungfrau	23h45–02h30	23h00–01h45	22h30–01h15
Waage	02h30–05h15	01h45–04h30	01h15–04h00
Skorpion	05h15–08h00	04h30–07h15	04h00–06h45
Schütze	08h00–10h30	07h15–09h45	06h45–09h15
Steinbock	10h30–12h15	09h45–11h30	09h15–11h00
Wassermann	12h15–13h30	11h30–12h45	11h00–12h15
Fische	13h30–14h30	12h45–13h45	12h15–13h15

Steinbock

Geburtstag	22.12.–31.12.	01.1.–11.1.	12.1.–20.1.
Aszendent	Geburtszeit	Geburtszeit	Geburtszeit
Widder	12h15–13h15	11h45–12h45	11h15–12h15
Stier	13h15–14h30	12h45–14h00	12h15–13h30
Zwillinge	14h30–16h15	14h00–15h45	13h30–15h15
Krebs	16h15–18h45	15h45–18h15	15h15–17h45
Löwe	18h45–21h30	18h15–21h00	17h45–20h30
Jungfrau	21h30–00h15	21h00–23h45	20h30–23h15
Waage	00h15–03h00	23h45–02h30	23h15–02h00
Skorpion	03h00–05h45	02h30–05h15	02h00–04h45
Schütze	05h45–08h15	05h15–07h45	04h45–07h15
Steinbock	08h15–10h00	07h45–09h30	07h15–09h00
Wassermann	10h00–11h15	09h30–10h45	09h00–10h15
Fische	11h15–12h15	10h45–11h45	10h15–11h15

Wassermann

Geburtstag	21.1.–31.1.	01.2.–10.2.	11.2.–18.2.
Aszendent	Geburtszeit	Geburtszeit	Geburtszeit
Widder	10h30–11h30	10h00–11h00	09h15–10h15
Stier	11h30–12h45	11h00–12h15	10h15–11h30
Zwillinge	12h45–14h30	12h15–14h00	11h30–13h15
Krebs	14h30–17h00	14h00–16h30	13h15–15h45
Löwe	17h00–19h45	16h30–19h15	15h45–18h30
Jungfrau	19h45–22h30	19h15–22h00	18h30–21h15
Waage	22h30–01h15	22h00–00h45	21h15–24h00
Skorpion	01h15–04h00	00h45–03h30	24h00–02h45
Schütze	04h00–06h30	03h30–06h00	02h45–05h15
Steinbock	06h30–08h15	06h00–07h45	05h15–07h00
Wassermann	08h15–09h30	07h45–09h00	07h00–08h15
Fische	09h30–10h30	09h00–10h00	08h15–09h15

Fische

Geburtstag	19.2.–29.2.	01.3.–10.3.	11.3.–20.3.
Aszendent	Geburtszeit	Geburtszeit	Geburtszeit
Widder	08h30–09h30	08h15–09h15	07h30–08h30
Stier	09h30–10h45	09h15–10h30	08h30–09h45
Zwillinge	10h45–12h30	10h30–12h15	09h45–11h30
Krebs	12h30–15h00	12h15–14h45	11h30–14h00
Löwe	15h00–17h45	14h45–17h30	14h00–16h45
Jungfrau	17h45–20h30	17h30–20h15	16h45–19h30
Waage	20h30–23h15	20h15–23h00	19h30–22h15
Skorpion	23h15–02h00	23h00–01h45	22h15–01h00
Schütze	02h00–04h30	01h45–04h15	01h00–03h30
Steinbock	04h30–06h15	04h15–06h00	03h30–05h15
Wassermann	06h15–07h30	06h00–07h15	05h15–06h30
Fische	07h30–08h30	07h15–08h15	06h30–07h30

Welcher Planetentyp sind Sie? Ein astrologischer Test rund um die Planeten

1. Ihr Verhalten im Alltag

Frage 1A

Welche Lebensweise bevorzugen Sie, streben Sie an oder haben Sie bereits verwirklicht? ... (a-j)

Frage 1B

Mit welchem Verhalten haben Sie eher Probleme, was lehnen Sie ab bzw. was sagt Ihnen zu wenig? ... (a-j)

Auch wenn es Ihnen vielleicht schwerfällt, sich nur für jeweils eine Antwort zu entscheiden, notieren Sie bei den Fragen oben bitte nur je einen Buchstaben für jene Lebensweise, die Ihnen am meisten bzw. am wenigsten entspricht.

h) Ich habe Freude an Veränderung und probiere gern etwas Neues aus.
d) Ich suche Harmonie oder schaffe sie selbst, ich suche Liebe und Entspannung.
b) Ich vertraue meinen Gefühlen und lebe nach meinem eigenen Rhythmus.
f) Ich strebe nach Bewußtseinserweiterung, nach Idealen und einer sinnvollen Lebensordnung.
j) Ich setze meine Überzeugungen durch und spüre, daß ich von einer höheren Fügung geleitet werde.
e) Ich entscheide aktiv und handle zielstrebig.
a) Ich entfalte mich kreativ selbst und drücke meinen Lebenswillen aus.
i) Ich lasse Dinge geschehen und öffne mich für innere Inspirationen.
c) Ich spreche mich klar aus, ich suche immer neue Informationen.
g) Ich bin bereit, Verantwortung zu übernehmen, Prioritäten zu setzen und Grenzen anzuerkennen.

2. Ihr Lebensmotto

Frage 2A

Nach welchem Motto leben Sie, welches bevorzugen Sie, oder welches streben Sie an? ... (a-j)

Frage 2B

Mit welchem Motto haben Sie Probleme, was lehnen Sie ab bzw. womit können Sie nicht viel anfangen? ... (a-j)

Notieren Sie oben bitte wieder nur jeweils einen Buchstaben für das Motto, das Ihnen am meisten bzw. am wenigsten entspricht.

j) »Man wird nicht dadurch erleuchtet, daß man sich Lichtgestalten vorstellt, sondern durch Bewußtmachung der Dunkelheit!«
e) »Leben heißt innerlich brennen!«
g) »Ungewiß und vergänglich ist das Glück; gewiß und ewig bleibt die Pflicht!«
c) »Denn eben wo Begriffe fehlen, da stellt ein Wort zur rechten Zeit sich ein!«
h) »Das gleiche läßt uns in Ruhe, aber der Widerspruch ist es, der uns produktiv macht!«
a) »Wohin du auch gehst, geh mit deinem ganzen Herzen!«
d) »Schön ist eigentlich alles, was man mit Liebe betrachtet!«
i) »Ich bin in allem, und alles ist in mir!«
f) »Derjenige, der ein Warum zum Leben hat, kann fast jedes Wie ertragen!«
b) »Wer nach außen sieht, träumt; wer nach innen sieht, wacht!«

3. Wie Sie auf andere Menschen wirken

Wie erleben Ihre Familie, Ihre Berufskollegen, Ihre Freunde und Menschen, die Sie zum ersten Mal kennenlernen, Sie? Und wie wirken Sie nach Ihrer Meinung oder wie würden Sie gern sein?

Notieren Sie bitte wieder jeweils, welcher Begriff Ihrer Meinung nach auf Sie am ehesten zutrifft und welcher am wenigsten.

Wie sieht mich meine Familie (Partner/in, Kinder)?
3A Am meisten wie ... (a–j)
3B Am wenigsten wie ... (a–j)
Wie möchte ich am liebsten auf meine Familie wirken?
4A Am meisten wie ... (a–j)
4B Am wenigsten wie ... (a–j)

Wie sehen mich meine Freunde?
5A Am meisten wie ... (a–j)
5B Am wenigsten wie ... (a–j)
Wie möchte ich am liebsten auf meine Freunde wirken?
6A Am meisten wie ... (a–j)
6B Am wenigsten wie ... (a–j)
Wie sehen mich meine Kollegen im Beruf?
7A Am meisten wie ... (a–j)
7B Am wenigsten wie ... (a–j)
Wie möchte ich am liebsten auf meine Kollegen wirken?
8A Am meisten wie ... (a–j)
8B Am wenigsten wie ... (a–j)
Wie sehen mich neue Menschen bzw. Fremde?
9A Am meisten wie ... (a–j)
9B Am wenigsten wie ... (a–j)
Wie möchte ich am liebsten auf neue Menschen wirken?
10A Am meisten wie ... (a–j)
10B Am wenigsten wie ... (a–j)

Unter folgenden Begriffen wählen Sie aus, was auf die jeweilige Frage für Sie am ehesten zutrifft, und Sie notieren für die Fragen 3A bis 10B die entsprechenden Buchstaben:

c) Intelligent, vermittelnd, beweglich
e) Energisch, tatkräftig, mutig
b) Gefühlvoll, anpassungsfähig, reflektierend
d) Ausgleichend, feinfühlig, kunstsinnig
i) Empfänglich, phantasievoll, beeinflußbar
f) Offen, optimistisch, sozial
a) Schöpferisch, warmherzig, selbstbewußt
h) Selbständig, freiheitsliebend, eigenwillig
j) Durchsetzungsfähig, opferbereit, rücksichtslos
g) Konzentriert, fest, vorsichtig

Übrigens: Falls Sie Lust und Gelegenheit haben, daß einige Menschen Ihrer Familie, Freunde und Kollegen diese Fragen über Sie beantworten, könnten Sie deren Antworten als einen guten Spiegel dafür betrachten, inwieweit Selbsteinschätzung und Außenwirkung übereinstimmen.

Ergebnis

Tragen Sie bitte die Buchstaben Ihrer Antworten ein

Spalte A	Spalte B
Antwort 1A ...	Antwort 1B ...
Antwort 2A ...	Antwort 2B ...
Antwort 3A ...	Antwort 3B ...
Antwort 4A ...	Antwort 4B ...
Antwort 5A ...	Antwort 5B ...
Antwort 6A ...	Antwort 6B ...
Antwort 7A ...	Antwort 7B ...
Antwort 8A ...	Antwort 8B ...
Antwort 9A ...	Antwort 9B ...
Antwort 10A ...	Antwort 10B ...

Auswertung

Zählen Sie in Spalte A und Spalte B getrennt, welche Buchstaben von a) bis j) mehr als einmal vorkommen. Sie können also maximal zehnmal in einer Spalte ein und denselben Buchstaben vermerkt haben.
Es bedeuten a) Sonne, b) Mond, c) Merkur, d) Venus, e) Mars, f) Jupiter, g) Saturn, h) Uranus, i) Neptun und j) Pluto.
Zunächst zur Anzahl der Mehrfachnennungen eines Buchstabens, also zur »Quantität« Ihres Testergebnisses.

Deutung Spalte A: Ihre Planeten-Stärken

Diese Spalte sagt etwas über Ihr aktives Bewußtsein aus, über Ihre dynamische Lebensgestaltung, über Ihre »Yang«-Qualitäten, über Einstellungen, Hoffnungen und Ideale, mit denen Sie dem Leben begegnen, wie Sie es sich im Leben »einrichten« und wie Sie sich verhalten.
Lesen Sie dazu, welcher Planetentyp A Sie sind.

8–10 gleiche Nennungen: Ziemliche Absolutheitsansprüche

Das heißt, daß Ihnen die Qualität, die der entsprechende Planet symbolisiert, enorm wichtig ist. Entweder, weil Sie diese Merkmale zum Brennpunkt Ihres Lebens gemacht haben, oder weil Sie sie für besonders erstrebenswert erachten und Sie Ihnen jetzt noch fehlen. Vielleicht stellen Sie bei sich selbst sogar eine gewisse Einseitigkeit fest? Auf jeden Fall spielt dieser Planet für Sie ein herausragende Rolle!
Lesen Sie dazu, welcher Planetentyp A Sie sind.

5–7 gleiche Nennungen: Gelassene Sicherheit auf dem Weg

Dieser Planet bzw. die ihm entsprechenden Merkmale sind für Sie wie

ein »Leitstern« auf Ihrem Lebensweg. Sie haben Ihre Werte, Maßstäbe und Ziele gefunden und vertrauen dem Leben. Sie schöpfen aus einer Kraftquelle, die Ihnen hilft, Ihr Leben zu meistern. Viele Menschen werden Sie beneiden!
Lesen Sie dazu, welcher Planetentyp A Sie sind.

2–4 gleiche Nennungen: Interesse für Lebensziele
Sie stellen eine gewisse Neigung fest, Eigenschaften weiter zu entwickeln, die der von Ihnen gewählte Planet symbolisch darstellt. Allerdings wollen Sie sich (noch) nicht zu sehr festlegen. Möglicherweise fühlen Sie sich aber auch etwas unsicher in bezug auf Ihre Richtung. Fassen Sie ruhig Mut – Sie sind auf dem richtigen Weg!
Lesen Sie dazu, welcher Planetentyp A Sie sind.

Keine Mehrfachnennung: Sind Sie vollkommen – oder nur ziemlich orientierungslos?
Wenn Sie in der Spalte A keinen Buchstaben mehr als einmal genannt haben, so läßt das entweder darauf schließen, daß Sie vollkommen ausgeglichen sind und Ihr Leben recht bewußt gestalten – oder daß Sie in Ihrer derzeitigen Lebenssituation sich noch sehr unentschieden und unsicher fühlen.
Vielleicht können oder wollen Sie mit Themen der Selbsterfahrung auch (noch) nichts zu tun haben?
Lesen Sie dazu, welcher Planetentyp A Sie sind.

Und nun zur Deutung der »Qualität« des Testergebnisses, welche Charaktereigenschaften und Schicksalsrichtung von den Mehrfachnennungen betroffen sind. Diese Merkmale haben Sie also entweder verwirklicht oder Sie streben Sie an, auf jeden Fall schätzen Sie sie positiv ein.
Wie stark die Deutung für Sie zutrifft, ergibt sich daraus, wie oft Sie den jeweiligen Planeten gewählt haben. Mehrfache zustimmende Nennungen heißen bei A:

a) Sie sind ein Sonnentyp!
Sie besitzen bzw. schätzen Selbstvertrauen, Vitalität, Lebensmut, Selbständigkeit, Bewußtheit.

b) Sie sind ein Mondtyp!
Sie vertrauen Gefühlen und Sie besitzen bzw. schätzen Hingabe, Sorgsamkeit, seelische Empfindsamkeit, Wandelbarkeit.

c) Sie sind ein Merkurtyp!
Sie besitzen bzw. schätzen Intellekt, Sinn für Kommerzielles, Fähigkeit zum Austausch, Wendigkeit, Sprachsicherheit.

d) Sie sind ein Venustyp!
Sie besitzen bzw. schätzen Harmoniebedürfnis, Zärtlichkeit, Ästhetik, Nähe, Beziehungsfähigkeit, sich austauschende Libido.

e) Sie sind ein Marstyp!
Sie besitzen bzw. schätzen Initiative, Energie, Triebkraft, Aktivität, Risikobereitschaft, gebende Libido.

f) Sie sind ein Jupitertyp!
Sie besitzen bzw. schätzen Sinnbedürfnis, Optimismus, Glaube, Ganzheitlichkeit, Ausdehnungstendenz.

g) Sie sind ein Saturntyp!
Sie besitzen bzw. schätzen Sicherheitsbedürfnis, Pflichtgefühl, Leistungsbereitschaft, Konzentration, Verantwortung.

h) Sie sind ein Uranustyp!
Sie besitzen bzw. schätzen Intuition, Originalität, Individualisierung, Reformstreben, Toleranz, Plötzlichkeit.

i) Sie sind ein Neptuntyp!
Sie besitzen bzw. schätzen Verschmelzungsbedürfnis, Hingabe, Ahnungen, Träume, Auflösungsstreben, Sinn für Mystik und Meditation.

j) Sie sind ein Plutotyp!
Sie besitzen bzw. schätzen die Fähigkeit zur Überwindung von Ängsten und Zwängen, Machtausübung, Magie, Ausrichtung auf eine höhere Führung.

Mit dem Planeten, den Sie als als wichtigsten für sich ausgewählt haben oder den Sie in sich noch suchen, sollten Sie sich intensiver beschäftigen. Erforschen Sie weiter, welches bislang unentdeckte oder ungelebte Potential von Kräften und welche Chancen der Entfaltung in Ihnen ruhen, die dieser Planeten symbolisiert.
Es ist durchaus möglich, daß sich Ihr Testergebnis nach einigen Monaten oder Jahren verändert – weil Sie selbst sich verändert und weiterentwickelt haben.

Deutung Spalte B: Ihre Planeten-Probleme

Diese Spalte sagt etwas darüber aus, welche »Schatten« unserer Persönlichkeit wir entweder übersehen oder abschieben. Hier geht es um verinnerlichte »Yin«-Qualitäten, um instinktive Reaktionen und unbewußte Prägungen, um unklare Ängste oder geheime Träume, die unsere Lebenseinstellung beeinflussen.

Zunächst zur Anzahl der Mehrfachnennungen eines Buchstabens, also zur »Quantität« Ihres Testergebnisses.

8–10 Nennungen: Ist da etwas Fanatismus vorhanden?

Hier gibt es für Sie einen wunden Punkt, den Sie vermutlich auch ganz gut kennen. Sie neigen dazu, Ihre Ansichten und vor allem Ihre Abneigungen mit allen möglichen Gründen vor sich und anderen zu rechtfertigen – um sie nur ja nicht in Frage stellen zu müssen. Ein »einfacher« Mensch sind Sie nicht. Vielleicht würde das Leben für Sie schöner sein, wenn Sie nicht so vehement Stellung bezögen, sondern offener würden?

Lesen Sie dazu, welcher Planetentyp B Sie sind.

5–7 Nennungen: Herausforderung, Probleme zu meistern

Es gibt wichtige Dinge im Leben, mit denen Sie (noch) nicht fertig werden. Das kann Ihnen bewußt sein, vielleicht aber auch nicht! Geben Sie sich ganz sachlich und offen Rechenschaft darüber, was Sie im Leben wirklich wollen. Und sehen Sie zu, daß Sie Ihre Einstellungen nicht verabsolutieren. Sonst könnte sich im Inneren ein Vulkan nicht verarbeiteter »Schattenthemen« anstauen, der sich eines Tages mit unliebsamen Ausbrüchen bemerkbar macht.

Lesen Sie dazu, welcher Planetentyp B Sie sind.

2–4 Nennungen: Eine selbstbewußte Lebenshaltung

Sie wissen auf jeden Fall, was Sie nicht wollen! Und Sie scheuen sich nicht, das auch auszusprechen, es in Ihrem Verhalten zu zeigen und danach zu leben. Sie vertreten Ihre Standpunkte, auch wenn Sie auf andere etwas eigenwillig wirken mögen. Vorsicht allerdings vor einer Verhärtung später im Leben.

Lesen Sie dazu, welcher Planetentyp B Sie sind.

Keine Mehrfachnennung: Sind Sie sehr ausgeglichen oder eher weniger problembewußt?

Wenn Sie in der Spalte B keinen Buchstaben mehr als einmal genannt haben, so läßt das entweder darauf schließen, daß Sie sehr entwickelt

und auch mit seelisch-geistigen Bereichen vertraut sind und daß Sie gezielt an Ihrer Bewußtseinsentfaltung arbeiten. Oder dieses Ergebnis bedeutet, daß Sie in Ihrer derzeitigen Lebenssituation noch eine Scheu vor oder keine bewußte Erfahrung mit dem komplexen Innenleben von Psyche, Seele und Geist und ihren oft verborgenen, aber machtvollen Wirkungen für das Außenleben haben.
Lesen Sie dazu, welcher Planetentyp B Sie sind.

Und nun zur Deutung, welche Charaktereigenschaften und Schicksalsrichtung von den Mehrfachnennungen betroffen sind, also die »Qualität« des Testergebnisses.
Wie stark die Deutung für Sie zutrifft, ergibt sich daraus, wie oft Sie den jeweiligen Planeten gewählt haben. Bitte beachten Sie aber, daß sich die »Negativaussagen« nicht unbedingt auf Sie persönlich beziehen, sondern daß es sich hier vielleicht um Menschen in Ihrer Umgebung handelt, die solche Merkmale zeigen. Dann ist die Ablehnung dieser Eigenschaften bei anderen das Thema dieser Negativaussagen!
Mehrfache ablehnende Nennungen heißen bei B

a) Sonnenprobleme:
Neigung zu Passivität oder Hyperaktivität, Selbstüberschätzung.

b) Mondprobleme:
Neigung zu Gefühlshemmung, Ungeborgenheit, Launenhaftigkeit.

c) Merkurprobleme:
Neigung zu Kontaktproblemen, Geschwätzigkeit, Kopflastigkeit.

d) Venusprobleme:
Neigung zu Scheinharmonie, Konsumhaltung, Trägheit.

e) Marsprobleme:
Neigung zu Ungeduld, Aggression, Rücksichtslosigkeit, Konfliktscheu.

f) Jupiterprobleme:
Neigung zu Überheblichkeit, überzogenen Erwartungen, Ausschweifungen, Dogmatik.

g) Saturnprobleme:
Neigung zu Sturheit, Geiz, Härte, Ängsten, Hemmung, Kontrollzwang.

h) Uranusprobleme:
Neigung zu Unberechenbarkeit, Angst vor Risiko, Exzentrik, Unbeweglichkeit.

i) Neptunprobleme:
Neigung zu Illusionen, Realitätsflucht, Antriebsschwäche, Opfer-Helfer-Syndrom.

j) Plutoprobleme:
Neigung zu Machthunger, Fanatismus, Opferrolle, Abhängigkeit von Kollektivwerten.

Mit dem Planeten, den Sie als eher unwichtig betrachten oder vielleicht abgelehnt haben, oder mit dem Sie (noch) wenig anfangen können, sollten Sie sich ebenfalls näher auseinandersetzen. Er symbolisiert innere oder äußere Kräfte und latente Herausforderungen in Ihrem Leben, die bisher noch nicht wahrgenommen, durch irgendwelche Umstände unterdrückt oder verdrängt werden.
Und wieder gilt auch hier, daß Sie in einigen Monaten oder Jahren vermutlich zu einem anderen Testergebnis kommen werden.

Schlußgedanken und Dank

»Glauben Sie an Astrologie? Nein! Astrologie ist keine Religion. Aber ich habe mit der Astrologie meine Erfahrungen gemacht, und die waren überwiegend positiv. Außerdem wären wir ja vermessen, wenn nicht gar töricht, wollten wir auf die Weisheit der ältesten Erfahrungswissenschaft der Menschheit verzichten. Diesen Hochmut können wir uns nicht leisten.«

Das schrieb einer der führenden deutschen Astrologen, der von mir wie von vielen Astrologieschülern und Astrologen hochgeschätzte Bernd A. Mertz, als Vorwort zu seinem Büchlein »Astrologische Weisheiten«. In diesem Sinne bemühe auch ich mich um die Weisheit der Astrologie und versuche, Ihnen diesen Ansatz in den Heyne Planetenbüchern nahezubringen.

Beim Entstehen eines Buches ist vielen Menschen ist zu danken. Mein besonderer Dank gilt meinen Freunden vom Heyne Verlag, ohne deren Hilfe diese Reihe nicht möglich gewesen wäre. Aber auch den vielen Menschen in der Herstellung, im Vertrieb, in anderen Funktionen in einem Verlag und nicht zuletzt den Buchhändler/innen möchte ich ebenso für ihre Hilfe danken, kulturelle und spirituelle Inspirationen in Form von Büchern einer größeren Öffentlichkeit zugänglich zu machen.

Und vor allem danke ich Ihnen, den Leserinnen und Lesern der Heyne Planetenbücher, für Ihr freundliches Interesse an diesem Wissensgebiet. Vielleicht hat der Autor die Möglichkeit, einige von Ihnen in einem der Buchhandlungsvorträge oder Seminare persönlich zu begrüßen und über Aspekte Ihres Horoskops zu sprechen.

Herzlich
Wulfing von Rohr
Santa Fe, New Mexico

Anhang

Die Astrodata-Horoskopkarten: Das psychologisch-astrologische Erkenntnisspiel

Der Autor hat in Zusammenarbeit mit der Astrologin Monica Kissling und dem Astrodata Verlag Horoskopkarten entwickelt. Sie eignen sich zum Auslegen und Erkennen des eigenen Horoskops, zur fundierten Interpretation auf einen Blick, zum Erlernen der Grundlagen der psychologischen Astrologie und zur Anwendung als Orakel wie Tarotkarten. Mit Karten zu den 12 Tierkreiszeichen, 12 Häusern, Sonne, Mond, Planeten, den Mondknoten, der MC/IC-Achse und mit 2 Blankokarten zur persönlichen Ergänzung.

Erhältlich in jeder guten Fachbuchhandlung (ISBN-Nummer 3-907029-34-8) oder direkt beim Astrodata-Verlag Zürich. Siehe Bestellformular am Schluß des Buches.

Literaturhinweise

Aus dem Astrologie-Programm des Heyne Verlags München empfehle ich folgende Bücher ganz besonders:

»Das Grundwissen der Astrologie«, Bernd A. Mertz; Grundlagenwerk vom deutschen Altmeister der Astrologie; Heyne TB 08/9447

»Astrologie der Persönlichkeit«, Dane Rudhyar; umfassende Darstellung astrologischer Konzepte; Heyne TB 08/9603

Die Heyne Planetenbücher von Wulfing von Rohr;

»Merkur – der Geldplanet: Die Kraft des Verstandes und der Kommunikation«; Heyne TB 14/300

»Venus – der Liebesplanet: Die Kraft der Harmonie und der Kunst«; Heyne TB 14/301

»Mars – der Energieplanet: Die Kraft des Willens und des Triebes«, Heyne TB 14/302

»Jupiter – der Glücksplanet: Die Kraft der Entfaltung und des Sinns«; Heyne TB 14/303

»Saturn – Die Kraft der Konzentration und Grenzsetzung«; Heyne TB 14/304

»Die Mondknoten – Schicksalspunkte: Alte Karmalast und neue Lebensaufgabe«; Heyne TB 14/305

Diese 1993 erschienenen Bücher enthalten alle eine ausführliche Einführung in die Grundlagen der Astrologie sowie sehr detaillierte Literaturhinweise.

1994 erscheint die zweite Staffel dieser Reihe:

»Sonne – Der Lebensplanet: Die Kraft des Bewußtseins und der Schöpfung«; Heyne TB 14/306

»Mond – Der Gefühlsplanet: Die Kraft der Seele und des Träumens«; Heyne TB TB 14/307

»Uranus – Der Veränderungsplanet: Die Kraft des Neuen und der Intuition«; Heyne TB TB 14/308

»Neptun – Der Verschmelzungsplanet: Die Kraft der Einfühlung und der Mystik«, Heyne TB TB 14/309

»Pluto – Der Machtplanet: Die Kraft der Transformation und Magie«, Heyne TB TB 14/310

Die Bücher über Sonne und Pluto enthalten einen Fixsternkalender; alle fünf o.g. bieten eine Tabelle zur Berechnung des Sonnenstands und eine Aufteilung der zwölf Tierkreiszeichen in drei Dekaden und zwölf Unterbereiche; das Mondbuch stellt zusätzlich eine Formel zur Berechnung des Mondstandes zur Verfügung.

Einige Bücher des Autors zu anderen Themen:

»Nostradamus – Seher, Astrologe. Entschlüsselte Geheimnisse und ungelöste Rätsel. Das Quellenbuch mit der wiederentdeckten Nostradamus-Astrologie«, Ariston Verlag Genf – München, 1994

»Es steht geschrieben ... Leben zwischen Chaos und Karma und der Mut zum freien Willen«, Ariston Verlag Genf – München, Herbst 1994

»Meditation – Die Kraft aus der Mitte: Ein Handbuch für die Übungspraxis mit den wichtigsten Methoden«, Goldmann Verlag München, TB 12138, 2. Aufl. 1993

»Meditation – Neue Lebenskraft aus der Mitte«, Übungskassette mit Anleitung und Musik, jetzt nur noch erhältlich über WRAGE Buchhandlung und Versandservice; Adresse siehe Bestellcoupon für Astrodienste am Schluß dieses Buchs.

»Magisch Reisen Indien – Ein spiritueller Reiseführer«, Goldmann Verlag München, 2. Auflage 1993

»Orte der Kraft – Kräfte des Lebens«: ein Gespräch mit dem Meditationsmeister Rajinder Singh, u.a. über die »inneren Sterne«; das Video ist erhältlich über die Adressen zum Stichwort »Innere Astrologie«.

»Neues Bewußt-Sein – Vom positiven Denken zum konstruktiven Handeln«, Fischer Verlag CH-Münsingen, 1993, mit Gudrun Freitag

»Tarot der Liebe«: Die erste positive, dynamische und moderne Tarot-Interpretation ohne okkulten oder mittelalterlichen Ballast, Ariston Verlag Genf – München, geb., 2. Aufl. 1989, mit Gayan S. Winter; als TB im Heyne Verlag München

»Die Farben deiner Seele: Grundlagenbuch zu den körperlichen, seelischen und geistigen Heilwirkungen von Farben«, Goldmann Verlag München, geb., 2. Aufl. 1993, mit Ingrid S. Kraaz

Von Claude Weiss und Wulfing von Rohr sind zwei Astrologie-Lehrvideos erschienen im Video-Programm des Bauer Verlags Freiburg. Erhältlich im Fachbuchhandel oder direkt bei Astrodata, Albisriederstr. 232, CH-8047 Zürich. Siehe auch Bestellkarte weiter hinten.

Astrologie-Kurse

Sehr empfehlen möchte ich Kurse von Bernd A. Mertz, z. B. bei der Sauter-Organisation auf dem Stoos in der Schweiz, bei ROTA in Düsseldorf sowie im eigenen Frankfurter Institut. Kontaktadressen: Sauter, Hauptstr. 110, CH-8289 Kreuzlingen, Tel. (072) 721573, Fax 722709; ROTA, Eckener Weg 3, D-40764 Langenfeld, Tel. (02173) 73535, Fax 82534; B. A. Mertz, Altheimstr. 5, D-60431 Frankfurt/M, Tel. (069) 513322.

Ich halte gelegentlich Astrologie-Kurse sowie Meditationsseminare und würde mich freuen, im Rahmen meiner Möglichkeiten Ihre Horoskopthemen und persönlichen Fragen zu besprechen. Infos zu Astrologiekursen über WRAGE Hamburg, Schlüterstr. 4, D-20146 Hamburg, Tel. (040) 455240, Fax 442469; Posivita, Rotbuchstr. 16, CH-8033 Zürich 6, Tel. (01) 3623040, Fax 3623039; Infos über Meditationsseminare bei ROTA, siehe oben.

Falls Sie Interesse an einem Buchhandelsvortrag haben, so wenden Sie sich bitte an Ihre esoterische Buchhandlung, die das bei größerem Interesse über den Heyne Verlag organisieren kann.

Astrologische Beratung

In Deutschland empfehle ich Bernd A. Mertz, Altheimstr. 5, D-60431 Frankfurt/Main, Tel. (069) 513322; in der Schweiz Monica Kissling, Impuls-Beratung Zürich, Tel. (01) 2810464, Fax 2813464.

Ich selbst nehme auch gelegentlich Beratungsaufträge an; entweder im Zusammenhang mit meinen Seminaren in Europa oder an meinem Wohnort in Santa Fe: Tel (001) (505) 988-3677, Fax 986-0235.

Innere Astrologie

Zur »inneren Astrologie« ist zu sagen, daß es nach der Erfahrung einiger Meditationswege auch innere Sonnen, Monde, Planeten und Galaxien gibt. Man kann diese Ebenen erreichen, kennenlernen und durchqueren, wenn man das Körperbewußtsein überschreitet. Dazu bedarf es der Verbindung mit der eigentlichen Lebenskraft der Seele, die sich im inneren Licht und Ton ausdrückt. Diese Verbindung mit dem inneren Licht und Ton wird durch einen kompetenten Meditationsmeister hergestellt, der die Seele auch auf ihrem Weg durch die inneren Dimensionen des Mikro- und Makrokosmos leitend und schützend begleitet. Diese spirituelle Verbindung führt schließlich zur Erkenntnis der eigenen Seele und ihres kosmischen Ursprungs.

Informationen über (kostenlose) Meditationskurse mit dem inneren Licht und Ton über Deutschland: Helga Kammerl, Jägerberg 21, D-82335 Berg, Tel. (08151) 50449, Fax 51038; Österreich: Herbert Wasenegger, Mautner Markhofgasse, 13-15/V/3, A-1110 Wien; Schweiz: Angela Seiler, Tödistraße 20, CH-8002 Zürich, Tel. (01) 2022372; USA: Science of Spirituality Center, 4S175 Naperville Road, Naperville, Ill. 60563; Tel. (708) 955-1200; Indien: Kirpal Ashram, 2 Canal Road, Vijay Nagar, Delhi, India 110009

Astrologische Dienstleistungen

Bestellformular für Astrologie-Videos, Astrodata-Horoskopkarten sowie für Astro-Ausrechnungsdienste

... Ex. ASTRODATA-Horoskopkarten à DM/sfr 39,80
72 Lern- und Spielkarten, 12 davon vierfarbig

... Ex. Persönliche Jahresvorschau à DM 65,–/sfr 55,–
ab Monat/Jahr .../...

... Ex. Persönlicher Astro-Kalender à DM 110,–/sfr 95,–
Individuell gedeutete Vorschau für jeden Tag – als Ringbuch oder als Tischmodell (ankreuzen)

... Ex. Große Persönlichkeitsanalyse à DM 82,–/sfr 70,–
Standardhoroskopanalyse mit Horoskopzeichnung (ohne Zeichnung DM 70,–/sfr 60,–; bitte ankreuzen)

... Partnerschaftsanalyse (ohne Zeichnung) DM 60,–/sfr 50,–
Bitte geben Sie unbedingt beide Geburtsdaten an sowie Ihren Begegnungsort oder gemeinsamen Wohnort!

... Ex. Astrologie-Videolehrgang mit Claude Weiss, I und II,
jeweils DM/sfr 68,–

Zwischensumme DM ________ /sfr ________

zuzüglich Porto und Versand DM/sfr 5,–
bei Bestellungen unter DM/sfr 200 ________________

Gesamtsumme DM/sfr ________________

Geburtsdaten für Person 1

Name, Vorname ....

Geburtsdatum, Geburtszeit ....

Geburtsort, Geburtsland ....
Männlich
Weiblich (bitte ankreuzen)

Geburtsdaten für Person 2 (für Partnerschaftsanalyse und/oder bei Mehrfach-Bestellungen)

Name, Vorname ....

Geburtsdatum, Geburtszeit ....

Geburtsort, Geburtsland ....
Männlich
Weiblich (bitte ankreuzen)
Bei Ortschaften unter 5000 Einwohnern bitte auch nächstgrößere Stadt mitangeben. Danke sehr.

Schneiden Sie dieses Formular heraus oder machen Sie eine Fotokopie. Senden Sie Ihre Bestellung mit einem Euro-Scheck mit Sckeckkartennummer als Brief ab. Schicken Sie alles entweder an

- Astrodata AG, Albisriederstr. 232, CH-8047 Zürich oder an
- Wrage Buchhandlung, Schlüterstr. 4, D-20146 Hamburg

Sie können den Gesamtbetrag auch auf das jeweilige Postscheckkonto einzahlen und den Einzahlungsbeleg mit diesem Bestellformular einsenden.

Postscheckkonto ASTRODATA: Postgiroamt Karlsruhe 14020-758
Deutsche Bank Weil am Rhein, BLZ 68370034, für ASTRODATA-Konto 0794.834.
Postscheckkonto WRAGE; Postgiroamt Hamburg, BLZ 20010020, Konto WRAGE 114328-200

Vergessen Sie nicht, die Adresse anzugeben, an welche Ihre Bestellung versandt werden soll!
Die Lieferzeit beträgt 1 bis 2 Wochen. Lieferungen von Astrodaten in die Schweiz gegen Rechnung; Zahlung innert 30 Tagen.